Reise durch

ROM

Bilder von
Max Galli

Texte von
Klaus Hillingmeier

Stürtz

8

Seite 10/11:
Die Piazza della Rotonda
ist das elegante Vorzimmer
des Pantheons. Abends
gilt der Platz vor allem

unter den jugendlichen
Rombesuchern als ein
beliebter Treffpunkt. Es
war der Feldherr Agrippa,
der Schwiegersohn des

Augustus, der an dieser
Stelle einen heiligen
Bezirk für einen Tempel
errichten ließ.

Inhalt

Rom – ein Triumph

Im Labyrinth der Kunst: Die Vatikanischen Museen präsentieren nicht nur eine der größten Antiken-sammlungen der Welt und eine gut bestückte Gemäldegalerie, auch mit Museen für ägyptische Kunst, Völkerkunde oder religiöse Gegenwartskunst wartet der Vatikan auf. 1929 hatten sich die Päpste verpflichtet, ihre Kunst-schätze der Öffentlichkeit zugänglich zu machen.

Als die Legionen des Kaisers Augustus die Welt beherrschten und der römische Adler seine Schwingen von den eisigen Wäldern des Nordens bis zu den brennenden Wüsten Afrikas ausbreitete, träumten Roms Dichter einen prächtigen Traum: Die Götter selbst hatten ihre Stadt berufen, als Haupt der Welt die Menschheit zu beherrschen. Nur zu diesem Zweck hatten sie Troja der Vernichtung durch die Griechen preisgegeben und das letzte Aufgebot der Trojaner unter der Führung des Äneas auf eine beschwerliche Odyssee geschickt. Am 21. April des Jahres 753 vor Christus, so wissen die Chroniken der Römer zu berichten, gründeten Romulus und Remus, vertrieben und heimatlos wie ihr Urahn Äneas, am Ufer des Tibers ein neues Troja, ewig und unbesieg-bar – Rom.

Tatsächlich reicht die Geschichte der Besiedelung Roms noch weiter zurück. Funde auf dem Palatin belegen, dass spätestens seit dem 13. Jahrhundert vor Christus die Hügel Roms besiedelt wurden. Lange Zeit stand die dörfliche Gemeinde am Tiber im Schatten der blühenden Städte der Etrusker, deren überfeinerte Kultur die Römer zwar bereichert hatte, deren politische Macht aber zugleich die Stadt zu ersticken drohte. Unerträglich wird dieser Zustand dann gegen Ende des 6. Jahrhunderts vor Christus, als es den Etruskern gelingt, Rom unter ihre Herrschaft zu bringen.

Doch die Söhne der Wölfin taugen nicht zu Untertanen. Mit dem unbezähmbaren Willen freiheitsliebender Menschen schütteln sie das Joch der Fremdherrschaft ab. Scheinbar unaufhaltsam steigt nun die Republik zur Vormacht in Italien auf, um schließlich den gesamten Mittelmeerraum zu beherrschen. Weder die Wildheit der Kelten, die 387 vor Christus Rom plünderten, noch das militärische Genie eines Hannibal, der eine Legion nach der anderen aufrieb, waren in der Lage, Roms Willen zur Macht zu brechen.

Angesichts der kraftstrotzenden Geschichte nehmen sich die architektonischen Zeugnisse der Republik hohlwangig aus. Einzig der Tempel der Fortuna Virilis, ein bescheidener Bau aus dem 1. Jahrhundert vor Christus, hat sich halbwegs unversehrt aus der Zeit der römischen Republik in unsere Gegenwart gerettet.

Das einst so vitale Herz der Republik aber, das Forum Romanum, gleicht heute einem abenteuerlichen Schutthaufen. Nur der versierte Archäologe vermag unter den Marmorblöcken der Kaiserzeit noch die Ziegelbauten der Republik zu erkennen. Zentrum der römischen Politik war die Curie, Sitz des Senates. Doch wie die Staatsformel SPQR (Senat und Volk von Rom) belegt, partizipierten ebenso alle anderen freien Bürger an der Macht im Staate. Und so lag zu Füßen der Curie das Comitium, der althergebrachte Sitz der Volksversammlung. Neben der Curie erstreckte sich die Basilika Aemilia, die 179 vor Christus von Aemilius Lepidus für profane Zwecke als Markthalle errichtet worden war. Aber auch Roms Götter hatten eine Heimstätte am Forum: Hier lagen die Tempel des Saturn, des Castor sowie der Concordia, und im Osten brannte die ewige Flamme der Göttin Vesta, genährt und behütet von sechs keuschen Priesterinnen. Der König der Götter, Jupiter, aber residierte seit der etruskischen Morgenröte Roms auf dem Kapitol. Ihm zur Seite standen die verehrungswürdigen Standbilder seiner Gemahlin Juno und seiner Tochter Minerva.

Die Stadt aus Marmor

Das Rom der Republik war eine Stadt aus Ziegeln, erst die Kaiser sollten eine Stadt aus Marmor erschaffen. Drei Jahrhunderte kristallisierte sich der Reichtum des Weltreiches am Tiber. Cäsar und Augustus wohnten ostentativ bescheiden. Sie versuchten, sich mit öffentlichen Bauten bei der Bevölkerung einzuschmeicheln, denn noch war die Erinnerung an die Republik lebendig. Doch dann wucherten die Paläste der Kaiser in Rom. Schon Neros Goldenes Haus glich einer kleinen Stadt, doch Domitians Palast auf dem Palatin überstieg alles bisher Geschaute. In seiner riesigen Aula, so musste es dem Betrachter erscheinen, konnte nur ein Gott seine Wohnstatt haben.

Mit dem Reich erlebte auch Roms Architektur im 2. Jahrhundert ihren einzigartigen Höhepunkt. Eine ewige Feier seiner Siege sollte das Forum des Trajan werden. In zwei großen Kriegen hatte er die Daker unterworfen und mit dem barbarischen Gold ließ der Kriegerkaiser sein Forum mit Gerichtsbasilika, Tempel und Bibliotheken auf dem Grundriss eines Heerlagers errichten. Im Herzen der Anlage erhebt sich bis heute eine 40 Meter hohe Säule, deren 200 Meter messender Fries mit seinen 2500 Figuren das Heldenlied der römischen Legionen und ihres Kaisers singt.

Trajans Nachfolger, sein Adoptivsohn Hadrian, aber hatte mehr das Naturell eines Philosophen. Sein größtes Geschenk an Rom war ein Tempel von tiefsinniger Harmonie – das Pantheon.

Scheinbar leicht und mühelos tragen die Mauern das Gewicht der Kuppel, deren kühne Höhe die Breite des Innenraums aufnimmt. Und so umschließt die Architektur des Pantheon einen Globus von 43 Metern – menschliches Abbild der göttlichen Sphäre.

Niemals mehr sollte die antike Stadt solche steinerne Perfektion erleben. Ihren Schwanengesang erlebte die römische Baukunst in den Thermen des Caracalla (211–216) und Diokletians (284–305). In ihrer Pracht glichen sie barocken Kathedralen des Körperkultes, überall glänzte kostbarster Marmor oder sinnliches Mosaik und in den Nischen erhoben sich meisterhafte Statuen. Es gab nicht nur alle erdenklichen Sorten von Bädern, sondern auch Sportstätten, Ruheräume und selbst lateinische und griechische Bibliotheken waren vorhanden. Damit stillten die Kaiser die dekadente Sehnsucht der Römer nach Luxus und Bequemlichkeit – Rom hatte sein Greisenalter erreicht, wie der Geschichtsschreiber Ammianus Marcellinus vermerkt.

Eine Generation nach Diokletian endet der Traum der augusteischen Dichter: 330 verlegte Kaiser Konstantin der Große die Hauptstadt des Imperiums nach Konstantinopel, und über Rom sammelten sich die düsteren Gewitterwolken des kommenden Völkersturms.

Der Sieg des Christentums

Unter den lichtdurchfluteten Gassen und Gärten Roms liegt eine zweite Stadt verborgen – die düstere und stickige Gegenwelt der Katakomben. Zu den größten Anlagen zählt die Katakombe der Domitilla, deren Gänge zehn Kilometer messen, zu den sehenswertesten die Priscillakatakombe mit ihren anrührenden Gemälden aus der naiven Kindheit der christlichen Kunst. Auch wenn die Katakomben heute die Namen von Heiligen tragen, sind bei Weitem nicht alle christlich. In der Regel wurden die Anlagen gleichermaßen von Heiden, Juden und Christen genutzt.

Das Rom der Kaiserzeit übte in allen religiösen Fragen großzügige Toleranz und nahezu jeder fremde Glaube fand in Rom eine Heimat: Da gab es die ekstatischen Feiern der großen Mutter Kybele, die sinnlichen Zeremonien der ägyptischen Himmelskönigin Isis und die archaischen Stieropfer der Jünger des persischen Lichtgottes Mithras. Auch für Christen wäre in dieser toleranten Welt Platz gewesen, hätten sie nicht den Kaiserkult abgelehnt und sich damit außerhalb jener Ordnung gestellt, die erst das Zusammenleben von unzähligen Völkern und Religionen im Reich garantierte.

Zu Beginn des 4. Jahrhunderts verändert sich dann die Religionslandschaft rasant: Wurden

Blick von der Engelsbrücke über den Tiber in Richtung Vatikan und auf Sankt Peter. Die Ponte Vittorio Emanuele II (Bildmitte) ist 1911 fertiggestellt worden

und bei Niedrigwasser kann man seitlich daneben noch die Überreste einer ehemaligen Römerbrücke, der Pons Neronianus, erkennen.

bis 305 unter Diokletian die Christen noch verfolgt, so verkündet 313 Kaiser Konstantin sein Toleranzedikt von Mailand, das den Christen freie Religionsausübung garantiert. Damit begann die politische Karriere des Christentums, das nun die besondere Protektion des Kaiserhauses genießt. Schon bald war für alle anderen Religionen in der Stadt kein Platz mehr. Tempel wurden geschlossen oder, wie das Mithräum unter der Kirche von San Clemente belegt, überbaut. 315 schenkte Konstantin den Lateranpalast mit einer spätantiken Gerichtsbasilika dem Papst Melchiades. Fast ein Jahrtausend war hier der politische Mittelpunkt der Kurie, erst in der Renaissance sollte er sich auf den Vatikan verlagern, und bis heute ist die Lateranbasilika Titelkirche des Papstes in seinem Amt als Bischof von Rom. Auf dem Hügel des Vatikan, dort, wo die Heiligenlegende den Ort des Petrusmartyriums vermutete, weihte 326 Papst Sylvester eine fünfschiffige Basilika ein. Und außerhalb der Mauern der Stadt erhob sich schon bald das erste Gotteshaus, das den ehrwürdigen Namen San Paolo fuori le Mura trug.

Noch ist der Bischof von Rom nicht die wichtigste Stimme der Christenheit, denn in Konstantinopel, Antiochia, Jerusalem und Alexandria residieren Patriarchen, die gleichrangig an Würde und Autorität sind und deren politischer Einfluss den des römischen Bischofs bei Weitem übertrifft. Immer wieder wird Rom Beute germanischer Stämme: Westgoten (410), Vandalen (455) und Ostgoten (546). Das Kaisertum scheint Rom aufgegeben zu haben und nur der Papst spendet den Römern die Kraft zum Überleben. Doch aus diesen Schreckensjahren ragt die Kirche Santa Maria Maggiore heraus. Auch wenn der Baubeginn umstritten ist, seine heutige Gestalt nahm der herrliche Innenraum mit seiner Kassettendecke und den 49 Säulen aus attischem Marmor im 5. Jahrhundert an. Unvergleichlich sind die Mosaiken am Triumphbogen zwischen Kirchenschiff und Apsis, die im ungebrochenen Glanz ihrer Steine bis heute die Kindheitsgeschichte Christi erzählen.

Glanz und Elend der Päpste

Die letzte barbarische Bedrohung Roms geht von den Langobarden aus, die 560 in Italien einfallen. Zwei Jahrhunderte werden sie die eigentlichen Herren in Norditalien sein. Noch erscheint Rom auf den Karten des byzantinischen Reiches, doch schon längst haben die Römer jegliches Vertrauen in den oströmischen Kaiser und seine italienischen Statthalter ver-

»Als ob man eine schöne Theaterdekoration für eine Oper betreten würde. Alle Schönheiten dieses Platzes sind mir so vortrefflich vorgekommen,« notiert der Romreisende Karl Ludwig Freiherr von Pöllnitz zu Beginn des 18. Jahrhunderts in seinen Reisenotizen über die Piazza del Popolo. Auch Goethe sollte später den Platz in seiner Italienischen Reise preisen.

loren. Und so kommt es 754 zum historischen Pakt zwischen dem karolingischen Usurpator auf dem fränkischen Thron, Pippin III., und Papst Stephan II. Stephans Segen verleiht der Herrschaft Pippins göttliche Legitimität. Als Gegenleistung erhält Stephan militärischen Schutz gegen die Langobarden und die direkte Herrschaft über Rom. Ein halbes Jahrhundert später wird Leo III. Pippins machtvollen Sohn, Karl den Großen, in St. Peter zum römischen Kaiser krönen. Mit diesem denkwürdigen Weihnachtsfest des Jahres 800 hat sich der Stuhl Petri endgültig in einen mächtigen Herrscherthron verwandelt.

Von der neuen künstlerischen Blüte, die Rom unter dem Schutzmantel der kaiserlichen Macht erlebt, künden die meisterlichen Mosaiken in der Kirche Santa Prassede. Unter dem Patronat Paschalis I. (817–824) entsteht hier aus byzantinischer Pracht und mittelalterlicher Strenge eine neue, expressive Bildsprache.

Das Bündnis zwischen Kaiser und Papst endet im 13. Jahrhundert in einer historischen Katastrophe. Mehrere Jahrzehnte erschüttert der Kampf zwischen Friedrich II. und der Kurie die Grundpfeiler der mittelalterlichen Welt. Mit dem unerwarteten Tod des Staufers 1250 geht das Papsttum als scheinbarer Sieger aus dem Ringen hervor. Doch in ihrem maßlosen Bestreben nach weltlicher Macht hatten die Päpste ihre geistliche Autorität verspielt, wie Papst Bonifaz VIII. (1294–1303) schmerzlich am eigenen Leib spüren muss. 1303 wird er von den Schergen König Philipps IV. von Frankreich in Anagni gefangen genommen. Das gedemütigte Papsttum geht in seine »Babylonische Gefangenschaft«. Von 1309 bis 1378 ist Rom verwaist und die Päpste residieren in Avignon.

Den tragischen Jahren des Exils folgt die schmerzliche Zeit des großen Schismas. 1378 scheitert der Versuch, die gesamte Kurie nach Rom zurückzuführen, kläglich an den französischen Kardinälen, die einen Gegenpapst wählen. Erst 1417 gelingt es dem Konzil von Konstanz, die Spaltung der Christenheit durch die Wahl Martins V. (1417–1431) zu überwinden.

Die Wiedergeburt der Giganten
Als 1420 Papst Martin V. in Rom einzieht, bietet sich ihm ein Bild des Schreckens: Die Bevölkerung war auf 17 000 gesunken und die menschenleere Ruinenlandschaft der Stadt zur Viehweide verkommen. Mit der Rückkehr der Päpste aber tritt Rom ins strahlende Licht der Renaissance.

16

Wie ein Fieber überfällt die Sehnsucht nach dem Altertum die Stadt, als 1506 die Statue des Laokoon wiederentdeckt wird. Papst Julius II. (1503–1513), Machtmensch und Mäzen, erwirbt die Figurengruppe für die gigantische Summe von 600 Goldgulden. Sein Favorit unter den Malern, Raffael, versteht es, in unvergleichlicher Weise den Geschmack seines Auftraggebers zu umschmeicheln. Zwischen 1508 und 1517 schmückt er dessen »Stanzen« (italienisch: Zimmer) genannte Gemächer im Vatikan mit Fresken aus, darunter die programmatische »Schule von Athen«. Als hätte die Zeit jegliche Macht verloren, verschmelzen Antike und Gegenwart: Bramante erscheint als Euklid, Michelangelo leiht Heraklit seine Gesichtszüge und in der Rolle des Platon betritt kein geringerer als Leonardo da Vinci die Szene.

Nur vier Monate nach der sensationellen Auffindung des Laokoon werden die Römer Zeugen eines zweiten Ereignisses von epochaler Bedeutung. Am Weißen Sonntag steigt Papst Julius II. in eine acht Meter tiefe Ausschachtung, um den Grundstein zum neuen Petersdom zu legen. Über ein Jahrhundert gleicht die Baustelle von St. Peter einem unersättlichen Moloch, der gleichermaßen das Gold der Päpste wie die Schaffenskraft einer ganzen Künstlergeneration verschlingt. Bramante, Raffael, Peruzzi, Sangallo und Michelangelo ringen mit den immer neuen Problemen der Architektur und den unberechenbaren Launen ihrer päpstlichen Auftraggeber. Erst im Barock, unter der Ägide des Baumeisters Carlo Maderna, wird der Petersdom mit Vorhalle und Fassade seine endgültige Gestalt annehmen. 1626 weiht Urban VIII. »das erhabenste Wunder der Welt« ein.

Alles an dieser Kirche übersteigt das menschliche Maß. 186 Meter misst das Kirchenschiff und erst 196 Meter über den Köpfen der Gläubigen findet die Kuppel ihren Abschluss. Getragen wird das Gewölbe von gigantischen Mittelpfeilern, die einen Umfang von 70 Metern haben. 60 000 Menschen, so verkünden voller Stolz die Reiseführer Roms, finden Platz unter dem Dach der größten Kirche der Christenheit. Keiner der Künstler, die im Dienst des Petersdoms standen, hat Rom mehr gegeben als der Titan Michelangelo. Allein die Kraft seines zornigen Moses in der Kirche San Pietro in Vincoli oder die »reine Schönheit« seiner Pietà lohnen die Reise in die Heilige Stadt. Doch die Statuen verblassen hinter dem Universum der Sixtinischen Kapelle. Die Figuren des 800 Quadratmeter messenden Deckengemäldes erzählen von der Erschaffung der Welt, dem Sündenfall und der Sintflut. Vier lange Jahre, von 1508 bis 1512, muss Julius II. den widerspenstigen Künstler antreiben, dem die Arbeit im Liegen

verhasst ist. 1534 kehrt Michelangelo noch
einmal in die Sixtina zurück, um die Altarwand
der Kirche mit einem Gemälde auszugestalten.
Als am 31. Oktober das »Jüngste Gericht« ent-
hüllt wird, stockte den Betrachtern der Atem:
Dantes Visionen von Himmel und Hölle, ja selbst
die Schreie der Verdammten und der Lobgesang
der Seligen waren lebendiges Bild geworden.
Die Motivwahl des Florentiners ist nicht nur als
Gegenstück zur Genesis zu verstehen, sie ist
zugleich eine Erinnerung an die Schrecken des
»Sacco di Roma« von 1527, als der Blutrausch von
40 000 Landsknechten seiner allerkatholischs-
ten Majestät Karls V. die Stadt in eine Hölle
verwandelte. Tausende hatten in diesen Schre-
ckenstagen ihr Leben verloren, Gräber wurden
geschändet und die Kirchen geplündert.

Barocke Symphonien
Die Katastrophe des »Sacco di Roma« war ein
düsterer Vorbote jener blutigen Glaubens-
kämpfe, die bald ganz Europa erschüttern sollten. Als Reaktion auf die Reformation begann
sich die katholische Kirche auf dem Konzil zu
Trient 1545–1563 neu zu formieren. Willens-
träger und Speerspitze dieser Gegenreformation
waren die Jesuiten. Und es ist daher alles andere
als ein Zufall, dass ihre Mutterkirche in Rom,
Il Gesú, den Übergang von der Renaissance zu
den Formen des Frühbarocks markiert. In der
römischen Malerei prägt der Meister des Lichtes,
Caravaggio, den neuen Kunststil. Unter dem
langen Pontifikat Papst Urbans VIII. (1623–
1644) feiert endgültig der Barock seinen trium-
phalen Einzug in Rom. Damals wurden die
Plätze der Stadt zum Austragungsort des künstlerischen Zweikampfes zwischen Giovanni
Lorenzo Bernini und Francesco Borromini. In
Bernini verbanden sich Lebensfreude, Frömmigkeit und Genie zu einem einnehmenden
Ganzen und so avancierte der junge Künstler
rasch zum Liebling der römischen Gesellschaft.
Papst Urban VIII. erhob den gerade 31-Jährigen
1629 zum Oberaufseher über die Bauhütte des
Petersdoms und zum Direktor der öffentlichen
Arbeiten für die Verschönerung Roms. Dieser
Ämterhäufung haben die Römer neben der
göttlichen Harmonie der Kolonnaden des Peters-
platzes auch drei ihrer schönsten römischen
Brunnen zu verdanken: den Tritonenbrunnen
auf der Piazza Barberini, den Bootsbrunnen vor
der Spanischen Treppe sowie den Vier-Ströme-
Brunnen auf der Piazza Navona.
Stets im Schatten des Sonntagskindes Bernini
stand der mürrische Borromini, obgleich der
Tessiner ebenso brillant war wie sein lebens-
froher Rivale, was die großartige Umgestaltung
der Lateranbasilika beweist, die er im Auftrag
Papst Innozenz' (1644–1659) vornahm. Ohne

die Würde des konstantinischen Baues zu verletzen, gelang es ihm, das neue Licht des Barock in die Kirche zu tragen. Sein berühmtestes Werk unter der Ägide dieses Papstes wurde die Kirche Sant'Agnese in Agone gegenüber dem Vier-Ströme-Brunnen Berninis. Das harmonische Zusammenspiel von Brunnen und Kirche erhebt die Piazza Navona zu einem Gesamtkunstwerk. An den heißen Sonntagen im August verwandelte sich früher der Platz regelmäßig zu einem flachen See, um die vergnügungssüchtigen Römer zu einem kühlenden Wagenkorso einzuladen. Roms schönste Symphonie aus Wasser und Stein ist die Fontana di Trevi. In seiner 1762 vollendeten Komposition des Trevibrunnen aus Göttern, Tritonen und Tieren, Muscheln und Pflanzen schuf der Römer Nicola Salvi eine heidnische Hymne auf die schöpferische Kraft des Wassers. »In Rom hat man in diesem Jahrhundert kein großartigeres Bauwerk geschaffen«, schwärmte schon 1785 der Kunstkenner Francesco Milizia.

Aufbruch in die Moderne

1797 geriet das päpstliche Rom in den Mahlstrom der französischen Revolution, als die Truppen Napoleons in Rom einmarschierten und vollmundig die »Wiedergeburt der römischen Republik« verkündeten. Ein zweites Mal in seiner Geschichte wurde der Papst zur Marionette der Franzosen degradiert. 1804 musste Pius VII. zur Kaiserkrönung des großen Korsen antreten, der sich vier Jahre darauf mit der Absetzung des Papstes und der Auflösung des Kirchenstaates bei der Kurie bedankte. Rom wurde neben Paris zur zweiten Hauptstadt des Kaiserreiches und Napoleons Sohn wurde zum »König von Rom« erhoben. Auch wenn das französische Intermezzo seine guten Seiten hatte – die Justiz wurde modernisiert und die Tore des jüdischen Ghettos geöffnet – so wurde doch die Rückkehr des Papstes nach dem Sturz Napoleons 1814 von der römischen Bevölkerung mit frenetischem Jubel gefeiert. Als die französischen Besatzungstruppen die Halbinsel räumten, hinterließen sie bei den Italienern die Sehnsucht nach einem geeinten Nationalstaat. 1848/1849 war der Versuch der Dioskuren der Revolution, Mazzini und Garibaldi, in Rom das »Neue Italien« zu erkämpfen, am militärischen Eingreifen der Franzosen zugunsten des Papstes kläglich gescheitert. Motor der nationalen Einigungsbewegung wurde nun das kleine, aber straff organisierte Königreich Sardinien-Piemont. Schon 1861 war ganz Italien mit Aus-

»Verliebt in scharfe Kurven« – Roms anarchischer Verkehr ist eines der letzten großen Abenteuer, die unser gezähmtes Jahrhundert noch zu bieten hat. Hier zählen noch Wagemut und Kühnheit. Zurückhaltung wird gnadenlos mit Stillstand bestraft. Weniger tollkühne Zeitgenossen sollten daher die U-Bahn oder einen der 6000 Stadtbusse benutzen.

nahme des Kirchenstaates unter der piemontesischen Krone vereint. Als dann Frankreich infolge des deutsch-französischen Krieges seine Schutztruppen aus Rom abziehen musste, war das Schicksal des Kirchenstaates besiegelt: Am 20. September fielen die Mauern der Stadt. Papst Pius IX. (1848–1878) zog sich mit einem heiligen Schmollen in den Vatikan zurück, um seine Gegner mit dem Kirchenbann zu belegen und die katholischen Monarchen vergeblich zum Kampf gegen die »subalpinische Regierung« aufzurufen. Als neue Hauptstadt des konstitutionellen Königreiches konnte sich Rom nicht mehr der Moderne entziehen. Die malerischen Eselskarren verschwanden genauso unaufhaltsam aus dem Stadtbild wie die althergebrachten Trachten, doch dafür wurde der Tiber endlich gezähmt, Straßen gebaut und schon bald erfüllte das Rattern der Straßenbahn die Gassen der Stadt.

Nach dem Ersten Weltkrieg fühlte sich Italien, das an der Seite der Alliierten gekämpft hatte, um die Früchte des Sieges betrogen. Dieser nationale Komplex in Verbindung mit den revolutionären Unruhen der Nachkriegszeit bildete den Nährboden, auf dem der Faschismus Mussolinis prächtig gedieh. Am 22. Oktober 1922 marschierten die faschistischen Schwarzhemden in Rom ein, um die Macht zu ergreifen. Der Duce allerdings zog die bequemere Anreise per Schlafwagen vor. Der neue Geist des Faschismus duldet keine romantische Ruinenbeschaulichkeit. Gnadenlos durchfurchen seine neugezogenen Straßentrassen die antiken Überreste, um allen Besuchern die Macht und Größe der römischen Kaiser vor Augen zu führen, als deren berufener Erbe sich das faschistische Italien fühlt. Ambitioniertestes Projekt der Stadtumwandlung wird die Satellitenstadt E.U.R., die Mussolini 1937 für die geplante Weltausstellung von 1942 aus der ländlichen Idylle der Campagna stampfen lässt. In seiner endgültigen Gestalt sollte E.U.R. mit seinen Plätzen, Prachtbauten und Palästen selbst das päpstliche Rom in den Schatten stellen. Der Zweite Weltkrieg zog unter diese architektonische Großmannssucht des Duces einen Schlussstrich.

Das liebenswerte Chaos
Mit der Befreiung durch die Alliierten endeten nicht nur die schwarzen Jahre des Faschismus. Auch das letzte Kapitel der Chronik der italienischen Monarchie wurde aufgeschlagen: 1946 entschieden sich die Italiener per Volksentscheid

für die Republik – die Mehrheit der Römer allerdings wollte nicht auf ihr Königshaus verzichten. Nach über fünfzig Jahren mit permanent wechselnden Regierungen, immer neuen Korruptionsskandalen und Beamten, die nur zu gerne ihre Hand aufhalten, haben die Römer eine tiefsitzende Skepsis gegenüber jeglicher Form staatlicher Autorität entwickelt. Federico Fellini bemerkte einmal, Rom sei wie eine ideale Mutter, doch ihre römischen Kinder seien verzogen und würden niemals wirklich ganz erwachsen.

Wer die Urgewalt der römischen Lebensgier entdecken möchte, die den Filmregisseur zu seinen Meisterwerken »La dolce vita« oder »Roma«, inspirierte, der sollte Baedeker und Fotoapparat beiseite legen und nach Trastevere fahren. »Trastevere ist eigentlich kein Ort, sondern ein Zustand, eine abgelagerte Mixtur aus Düften und Geräuschen«, notiert der große Romkenner Raffalt. Die Tavernen riechen verwirrend nach Kaffee, Olivenöl, Zigaretten, Fisch und Frascati. Es wird geschwatzt und gestritten, und während die Jugend wie überall auf der Welt mit den Wortgefechten der Liebe beschäftigt ist, kennen die römischen Familienväter und greisen Patriarchen eigentlich nur ein Thema: Fußball. Ganz Rom ist in zwei große Fußballkonfessionen gespalten: Entweder man ist treuer Gefolgsmann von S.S. Lazio, dem Club der kleinen Leute, oder man zählt zu den Anhängern des vornehmen Konkurrenten A.S. Roma. Unwillkürlich fühlt man sich in das Rom der Kaiserzeit zurückversetzt, als der gesamte Plebs in zwei rivalisierende Circusparteien zerfiel: in die »Blauen« und die »Grünen«. Aber in der Ewigen Stadt sind eben auch die Leidenschaften unsterblich.

Seite 22/23:
»Da dachte ich mir Rom wie ziehende Wolken, mit wundersamen Bergen und goldenen Toren und glänzenden Türmen.« Obwohl es Eichendorff niemals vergönnt war, die Ewige Stadt mit eigenen Augen zu sehen, muss seiner Dichterseele doch das Wunder der römischen Stadtlandschaft vertraut gewesen sein.

Seite 24/25:
Tivoli, das antike Tibur, ist seit den Tagen Kaiser Hadrians eine beliebte Sommerfrische der Römer. Die Latinerstadt ist mit Wasser gesegnet und so verzückt die Villa d' Este seine Besucher mit einem berauschenden Konzert aus Fontänen und Kaskaden. Dieser lockenden Sinnlichkeit kann sich selbst diese fromme Nonne nicht entziehen.

Das Herz von Rom

»Seid mir gegrüßt ihr heil'genTrümmer!« Längst hat sich eine tiefe Melancholie auf dem Forum Romanum eingenistet. Wo einst das Herz des römischen Weltreiches schlug und Senatoren und Kaiser die Welt lenkten, erstreckt sich heute ein Trümmerhaufen der Geschichte – eine Weide für Besucherherden auf der Suche nach verdaulichen Häppchen der Vergangenheit.

Auch wenn der Tiber die Geografie Roms bestimmt, haben die Römer dem Fluss niemals sonderlich viel Sympathie entgegengebracht. Regelmäßig überflutete er die Niederungen der Stadt und trug jeden Sommer eine tödliche Fracht von Mücken und Malaria in die Häuser. Wer es sich leisten konnte, ob Mensch oder Gott, wohnte auf den sieben Hügeln der Stadt, die sich bis heute ihre individuellen Züge bewahrt haben. Das Kapitol schmückt sich mit Michelangelos Renaissancetreppe und der Palatin trägt die Ruinen antiker Paläste. Den Hügel des Caelius krönt der päpstliche Lateranpalast, während auf dem Quirinal der Staatspräsident residiert. Der Aventin legt mit seiner Kirche Santa Sabina ein frommes Sonntagsgewand an, hingegen genießt der Esquilin mit den Überresten des Goldenen Hauses den Nachgeschmack des Heidentums. Einzig der Viminal ist zu kurz gekommen und muss sich mit dem Innenministerium begnügen.

Summa summarum weist Rom innerhalb seiner Stadtmauern annähernd 120 antike Monumente sowie gut 100 sehenswerte Kirchen und Kapellen auf. Man sollte also gar nicht erst den selbstmörderischen Plan fassen, alle Sehenswürdigkeiten der Stadt zu besichtigen. Nur dem Flaneur öffnet sich das Rom der brunnengeschmückten Plätze, wie der Piazza Navona mit dem Vier-Ströme-Brunnen oder der Piazza Barberini mit dem Brunnen von Bernini. Den urbanen Mittelpunkt markiert die Piazza Venezia mit dem venetianischen Palast aus dem 15. Jahrhundert. Beherrscht aber wird der Platz von dem grandiosen Größenwahn des Denkmals für Viktor Emanuel II., dem König der italienischen Einigung. In der Volksgunst wird der Platz von der Piazza Navona übertroffen, die in Sommernächten einer riesigen Freilichtbühne gleicht. Aber auch die stillen Plätze, wo man bei einem Glas Wein seine Gedanken treiben lassen kann, haben ihren einzigartigen Charme. Dort begreift man das Leben als Geschenk. Wer dieses ewige Geheimnis der römischen Lebensphilosophie entdeckt hat, wird »niemals mehr in seinem Leben vollkommen unglücklich sein«.

Dass die Reiterstatue des Mark Aurel die christlichen Bilderstürmer überlebte, ist einer Verwechslung zu verdanken – man hielt sie für ein Standbild des christlichen Kaisers Konstantin. Im Mittelalter stand sie auf dem Lateran, bis sie 1538 Michelangelo ins Zentrum der Piazza del Campidoglio des Kapitols versetzte.

Heute steht eine Kopie auf dem Platz, das kostbare Original befindet sich seit einigen Jahren gut geschützt im Kapitolinischen Museum.

Abendstimmung auf dem Kapitol. Hier, wo sich in der Antike der wichtigste Tempel Roms erhob, stehen heute die Gebäude des Konservatoren- sowie des Senatorenpalastes, der auf den antiken Mauern des Tabulariums ruht, dem römischen Staatsarchiv.

Statt der Gänse wachen heute die Dioskuren Castor und Pollux über den Zugang des Kapitols. Sie stehen links und rechts von dem von Michelangelo entworfenen Zugang »la Cordonata« auf der Balustrade.

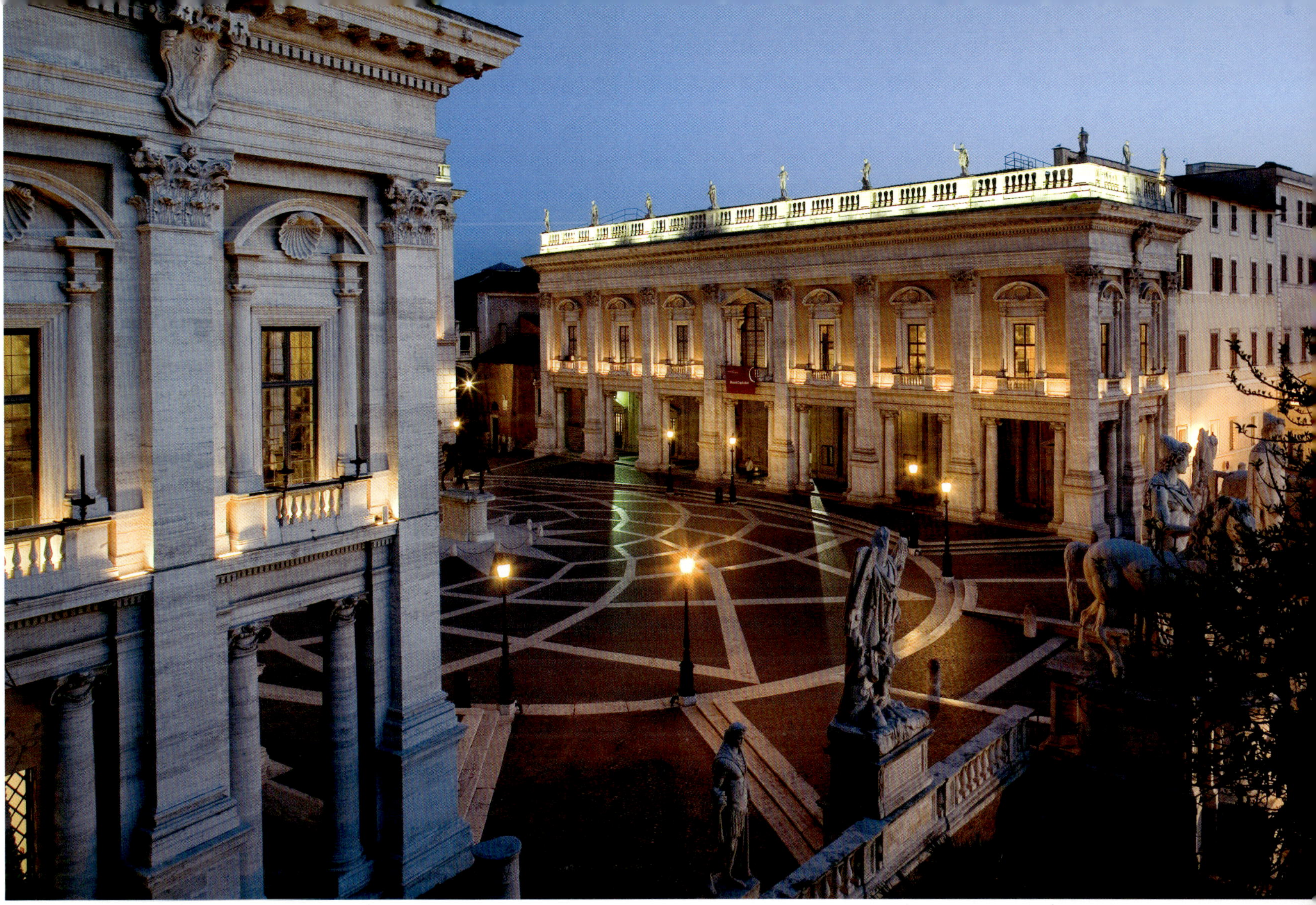

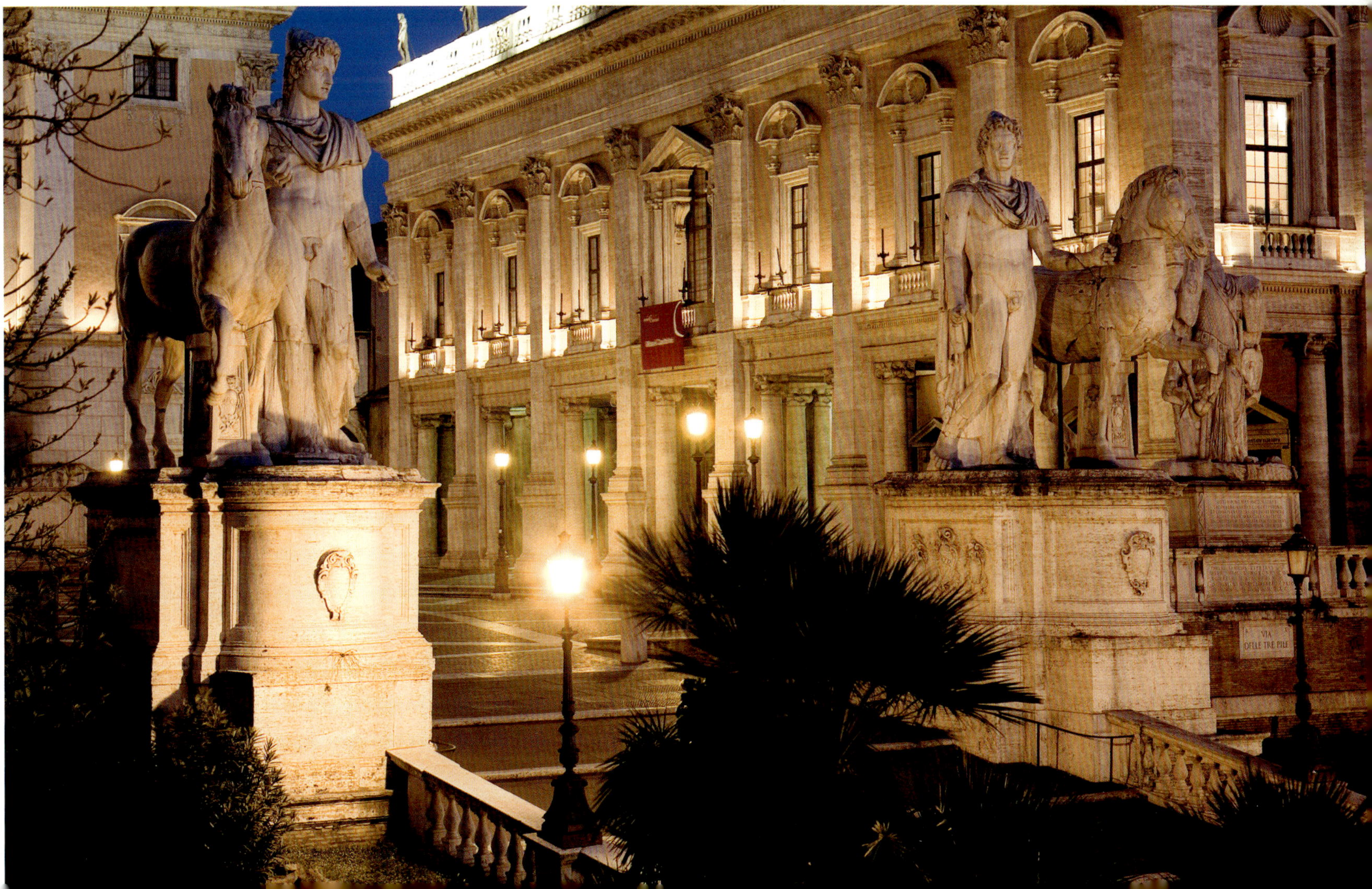

Unten:
Der Konservatorenpalast, ein Werk des Michelangelo-Schülers Giacomo della Porta, beherbergt gemeinsam mit dem gegenüberliegenden Palazzo Nuovo das Kapitolinische Museum. Zu den vielen Berühmtheiten, die das Museum bevölkern, zählen die »Kapitolinische Venus« sowie der »Sterbende Gallier«.

Rechts:
Nahezu jeder Kaiser Roms ist mit seinem Abbild in der Sammlung des Kapitolinischen Museums vertreten, was wenig erstaunt, wenn man weiß, dass Kaiserbüsten in Massenproduktion hergestellt wurden.

**Links und
rechts unten:**
Fragmente einer gigantischen Sitzstatue des Kaisers Konstantin im Hof des Konservatorenpalastes. Der Koloss war ursprünglich in der Westapsis der Maxentiusbasilika aufgerichtet.

Der Kopf misst 2,60 Meter, der riesige Fuß 2 Meter. Die Dimensionen des Kunstwerks geben ein beredtes Zeugnis vom Naturell des Kaisers, der trotz seiner Förderung des Christentums durch und durch Machtmensch war.

Seite 32/33:
Nicht die Barbaren haben die marmorglänzende Pracht des Forum Romanum in ein Trümmerfeld verwandelt, sondern die päpstliche Bauwut. Bis ins 17. Jahrhundert diente der politische Mittelpunkt des Römischen Reiches als Steinbruch für die Kirchen Roms. Erst 1788 fand die erste wissenschaftliche Grabung auf dem Forum statt.

Unten:
Nur noch drei Säulen des
Castor und Pollux Tempel
haben die Zeitläufte über-
lebt. Schon im 5. Jahrhundert wurde den beiden

Zeussöhnen auf dem Forum
ein Tempel geweiht. Der
letzte Neubau des Tempels
wurde von Kaiser Tiberius
befohlen.

Rechts oben:
Eines der am besten
erhaltenen Gebäude des
Forums ist der Tempel des
Antoninus Pius und der
Faustina. 141 n. Chr. ließ

Kaiser Antoninus Pius das
Gebäude in Erinnerung an
seine Frau errichten, die
nach ihrem Tode vergött-
licht wurde.

Rechts Mitte:
Der massige Titusbogen
ist der älteste erhaltene
Triumphbogen Roms. Er
feiert die Niederwerfung
des jüdischen Aufstandes

durch einen Feldzug des Titus im Jahre 71 n. Chr. unter der kaiserlichen Herrschaft seines Vaters Vespasian.

Rechts unten: Der 20 Meter hohe Bogen des Septimius Severus ist durch eine Bauinschrift auf das Jahr 203 n. Chr. datiert.

Sein Reliefschmuck bebildert die Kämpfe mit den persischen Parthern. In der Antike krönte eine Quadriga den Bogen.

Oben:
Der Konstantinsbogen in
der Nähe des Kolosseums
wurde zu Ehren des Kaiser
Konstantin errichtet und
erinnert an dessen Sieg
über seinen Widersacher
Maxentius im Jahre 312.

Rechts:
Einst Nabel der antiken
Welt, wurden die Gebäude
des Forum Romanum im
Mittelalter abgetragen und
für andere Bauvorhaben
genutzt. Manches Stück
fand in Kirchen und Palästen eine neue Verwendung,
übrige Steine brannte man
zu Kalk. Doch zeugen die
Überbleibsel des Forums
auch als Ruinen noch von
seiner grandiosen Ver-
gangenheit.

Seite 38/39:
Dort, wo sich einst das private Parkgelände von Neros »Goldenem Haus« erstreckte, ließ Kaiser Vespasian für das Volksvergnügen die gigantischen Mauern des Kolosseums auftürmen. Eine äußerst populäre Tat, die auch der Dichter Martial feierte: »Hier wo ehrfurchtgebietend des prächtigen Amphitheaters steinerner Bau sich erhebt, hier war der künstliche Teich, Rom ist sich wiedergeschenkt, und unter deiner Regierung, Kaiser, vergnügt sich das Volk – vorher allein der Despot.«

Links oben:
Im Jahre 312 n. Chr. gelang
es Kaiser Konstantin,
seinen größten Rivalen um
die Macht, Maxentius,
auszuschalten. Willfährig
biederte sich der Senat
dem neuen Machthaber
an und stiftete dem Kaiser
einen Triumphbogen.

**Links Mitte
und unten:**
Das Trajansforum gehörte
zu den Höhepunkten
römischer Architektur.
Der Schöpfer des Forums

Links Mitte

war Apolloros von Damaskus. Im Mittelpunkt der 300 Meter langen Anlage erhebt sich die 40 Meter hohe Trajanssäule, deren Fries Episoden aus den Feldzug des Kaisers gegen die Daker schildert (Mitte).

Unten:
An den nördlichen Flügel des Trajansforums schließen sich die sogenannten Trajansmärkte an. Auf sechs Stockwerken sind über 150 Ladenlokale verteilt. Ob es sich ausschließlich um eine Markt anlage handelt oder ob hier auch öffentlich Getreidespenden verteilt wurden, ist bislang umstritten.

HERRSCHER DER WELT – DIE RÖMISCHEN KAISER

Zu Beginn des Jahres 44 vor Christus ist Julius Cäsar am Ziel seiner Wünsche: Sein Rivale Pompeius ist vernichtet, während ihn die vom Senat verliehene Diktatur zum Alleinherrscher über das Römische Reich macht. Nun kann der Bezwinger Galliens endlich seinem großen Vorbild Alexander folgen und gegen den Osten ziehen. Doch drei Tage vor der geplanten Abreise lauern ihm seine Verschwörer auf und erstechen Roms größten Feldherrn. Ironischerweise beginnt mit diesem Attentat, das die Republik wiederherstellen sollte, die Geschichte der römischen Kaiserzeit. Denn Cäsars Erben Augustus (27 v. Chr. – 14 n. Chr.) gelingt das Kunststück, die Alleinherrschaft zu ergreifen und dafür noch den Segen des Senats zu erhalten. Auf den Thron gelangt, spielt Augustus die größte Rolle seines Lebens – den tugendhaften Friedenskaiser.

Die folgenden Kaiser der Julisch-Claudischen Dynastie werden ihre Laster in historischer Größe ausleben. Schon Tiberius (14–37) ist ein diabolischer Zyniker, doch er wird von Caligula (37–41) weit in den Schatten gestellt, vor dessen sadistischem Naturell niemand sicher ist: »Mögen sie mich hassen, wenn sie mich nur fürchten!« Ein gnädiger Mord bereitet dem Wahnsinn ein Ende und unter der gerechten Herrschaft des Claudius (41–54), dem »weißen Schaf« der Familie, ist Rom eine kurze Atempause bis zum Herrschaftsantritt Neros (54–68) vergönnt. Neros Persönlichkeit ist ein faszinierendes Amalgam aus Talent und Cäsarenwahn. Sein Lebensstil ist selbst für einen Kaiser verschwenderisch und seine Liebe zur Musik nimmt oft bizarre Züge an. Dass er wegen dieser Leidenschaft allerdings Rom den Flammen geopfert hätte, ist christliche Schmähpropaganda: Als Rom brennt, weilt er in der Sommerfrische.

Dem Julisch-Claudischen Kaiserhaus folgt die Dynastie der Flavier. Schon der bescheidene Kaiser Vespasian (69–79) mit seinem bäuerlichen Wesen legt die morbiden Gepflogenheiten seiner Vorgänger ab. Aber erst sein Sohn Titus (79–81) avanciert zum absoluten Liebling der Römer. Unerbittlich gegen die Feinde Roms, ist er gegenüber seinem geliebten Volk von schier grenzenloser Freigebigkeit und Milde. Zur großen Trauer der Römer rafft ein Fieber vorzeitig den gerade einmal 42-jährigen Kaiser hinweg. Der Thronerbe des Titus ist sein prunksüchtiger Bruder Domitian (81–96), der als erster Kaiser den offiziellen Titel »Herr und Gott« annimmt. Allerdings weiß auch Domitian, der zwar hochmütig aber nicht wahnsinnig ist, sehr genau um seine Sterblichkeit. Göttlich ist er einzig als menschgewordenes Symbol des Kaiserreiches.

Nach dem Tod Domitians beginnt mit Nerva (96–98) das glanzvollste Kapitel der Kaiserchronik. Statt sein Diadem einem unfähigen Nachkommen zu vererben, adoptiert er den talentierten Trajan und begründet so die Dynastie der Adoptivkaiser. Die Wahl erweist sich als geahnter Glücksfall. Unter Trajan erreicht das Imperium seine größte Ausdehnung und das Volk seine tiefste Zufriedenheit. Trajan wiederum adoptiert den weltklugen Hadrian (117–138) und dieser den pflichtbewussten Antoninus Pius (138–161). Der einzigartige Schlussstein dieses Herrscherhauses ist Marc Aurel (161–180). Niemals wurde dieser Philosoph auf dem Kaiserthron an Sittenstrenge und Charaktergröße übertroffen. Doch zugleich umweht den Kaiser eine tiefe Melancholie. Der Mann des Friedens muss ständig Kriege führen und ausgerechnet der tugendhafteste aller Adoptivkaiser gibt die Macht an seinen leiblichen Sohn weiter, Commodus (180–192), einen degenerierten Tunichtgut, der sich nur für Gladiatorenkämpfe interessiert.

Der Anfang vom Ende

Mit Commodus beginnt der Untergang des römischen Reiches. In einem halsbrecherischen Tempo lösen sich nun in den nächsten hundert Jahren die römischen Kaiser ab. Erst Kaiser Diokletian (284–305) gelingt es wieder, Stabilität und Ordnung durch die neue Regierungsform der Tetrarchie ins Reich zu bringen, bei der sich vier Herrscher die Kontrolle der Provinzen teilen. Doch schon Konstantin I. (306–337) bricht mit dem System und schaltet gnadenlos seine Mit-

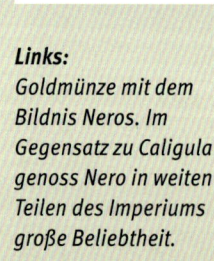

Links:
Goldmünze mit dem Bildnis Neros. Im Gegensatz zu Caligula genoss Nero in weiten Teilen des Imperiums große Beliebtheit.

Links oben:
Bildnis des Kaisers Augustus im Thermenmuseum. Der bedeckte Kopf ist ein Hinweis auf die religiösen Aufgaben des Augustus (links).

kaiser und Konkurrenten aus. Unter dem Einfluss der Kaisermutter Helena etabliert sich das Christentum als neue Religion, auch wenn der Machtmensch Konstantin erst auf dem Totenbett den neuen Glauben annehmen wird. Auf dem Höhepunkt seiner Macht verlegt er die Hauptstadt des Reiches ins neu gegründete Konstantinopel. Von diesem Zeitpunkt an werden zweitrangige Vertreter des Kaiserhauses als »Juniorpartner« in Rom regieren. Der letzte in dieser »weströmischen Statistenrolle«, Romulus Augustus (475–476), ist nur ein Zerrbild seines großen Namens. 476 wird er vom Barbarenfürsten Odoaker abgesetzt. Roms letzter Kaiser endet als Staatsrentner.

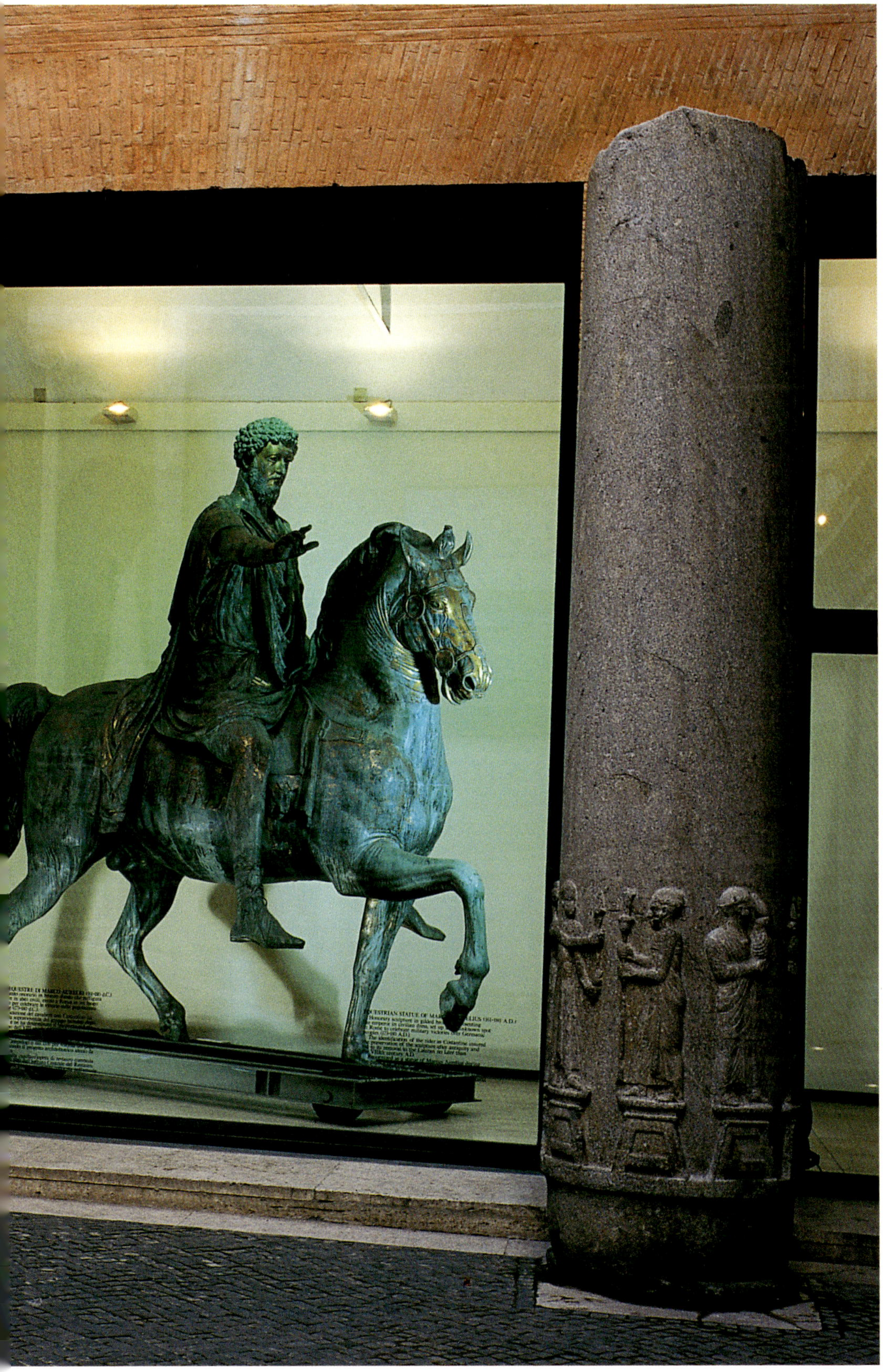

»Sein Gesicht, das schon von Natur aus abschreckend war, versuchte er noch absichtlich zu entstellen.« Ganz Rom zitterte vor dem Wahnsinn des Caligula (rechts).

Oben:
Das Original der Statue des Philosophenkaisers Marc Aurel im Kapitolinischen Museum. In seinen »Selbstbetrachtungen« finden wir die Mahnung: »Solange du lebst, solange du noch die Möglichkeit hast, werde gut!«

Rechts oben:
Die Ara Pacis des Augustus. Der 1568 entdeckte Altar zur Feier des Friedens wurde im Jahre 9 v. Chr. eingeweiht. Neben mythologischen Motiven findet sich eine Darstellung einer würdevollen Prozession des Kaisers in Begleitung seiner Familie.

Rechts:
Die 42 Meter hohe Säule des Marc Aurel auf der Piazza Colonna erinnert an die Kriege des Kaisers gegen die germanischen Markomannen. Das Bildnis des Kaisers auf dem Säulenkapitell musste einer Petrusstatue weichen.

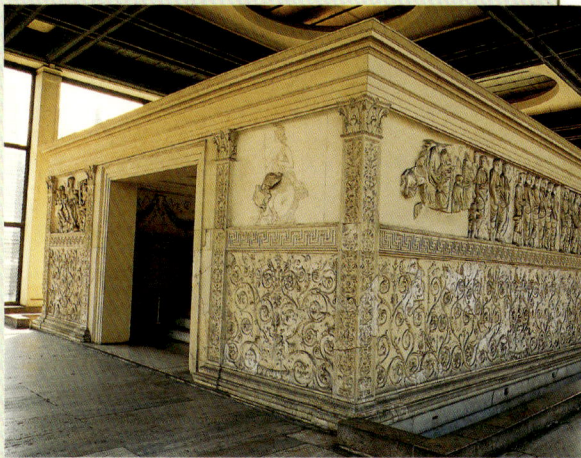

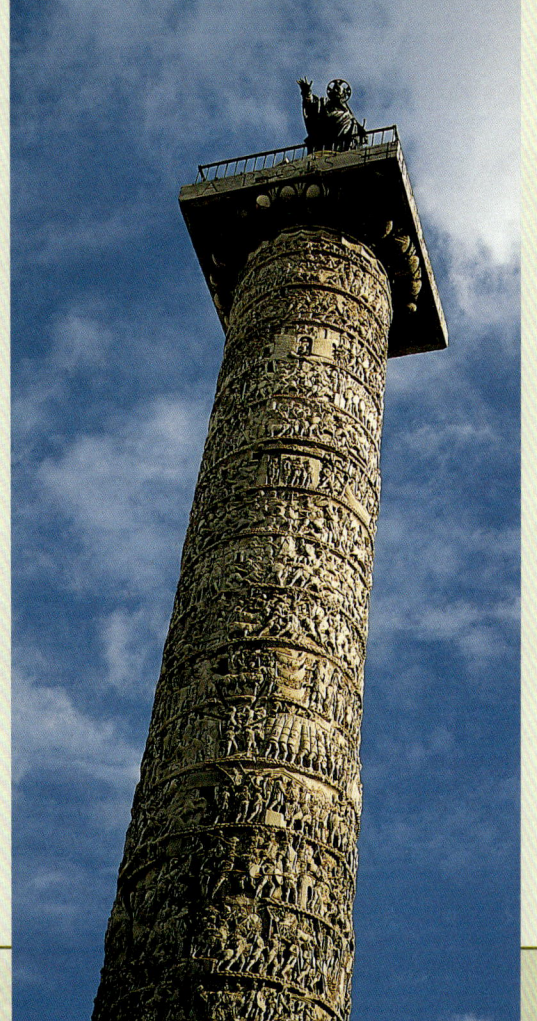

Oben:
Die Pyramide des Cestius ist Ausdruck der tiefen Ägyptensehnsucht der Römer. Es gab noch eine zweite Pyramide nahe der Engelsburg, die in der Renaissance abgetragen wurde.

Rechts:
Der heutige Bau des Vestatempels auf dem Forum Boarium, Roms Viehmarkt, ist eine Rekonstruktion des von Septimius Severus errichteten, runden Peripteros mit 20 korinthischen Säulen auf hohem Podium.

45

Unten links und rechts:
Zur Legion der traditions-
reichen Kirchen Roms zählt
auch San Clemente, deren
Gründung Papst Siricius
385 seinem heiligen Amts-
vorgänger Klemens stiftete.
Im 11. Jahrhundert wurde
die Basilika weitgehend
zerstört und unter Papst
Paschalis neu errichtet.
Die kunstvollen Marmor-
intarsien des Innenraums
und die Mosaiken gehören
zu den schönsten Arbeiten
dieser Epoche in Rom.

Rechts:
San Carlo alle Quattro
Fontane ist einer der
Glanzpunkte unter den
Schöpfungen Borrominis.
Der Rhythmus der Fassade
und der beschwingte Innen-
raum erheben die Kirche
zum barocken Kleinod.

Seite 48/49:
Neptun herrscht über
den Trevibrunnen und
gehorsam folgt ihm sein
Hofstaat. Im Hochgefühl
eines römischen Frühlings
schwärmt D'Annunzio über
das grandiose Schauspiel
aus Stein und Wasser:
»Im Brunnen jubelte der
Travertin des Papstes;
und hinauf den stolzen
Bau versprühte der
Schwall des Wassers
seine Silberschauer.«

Rechts:
Die Mauern von
San Clemente überdecken
ein Mithräum. Wie das
Christentum fand auch der
Kult des persischen Lichtgottes zahlreiche Anhänger
in der römischen Spät-
antike. Vor allem Militärs
und hohe Beamte gehörten
zu den Anhängern dieser
Religionsgemeinschaft.

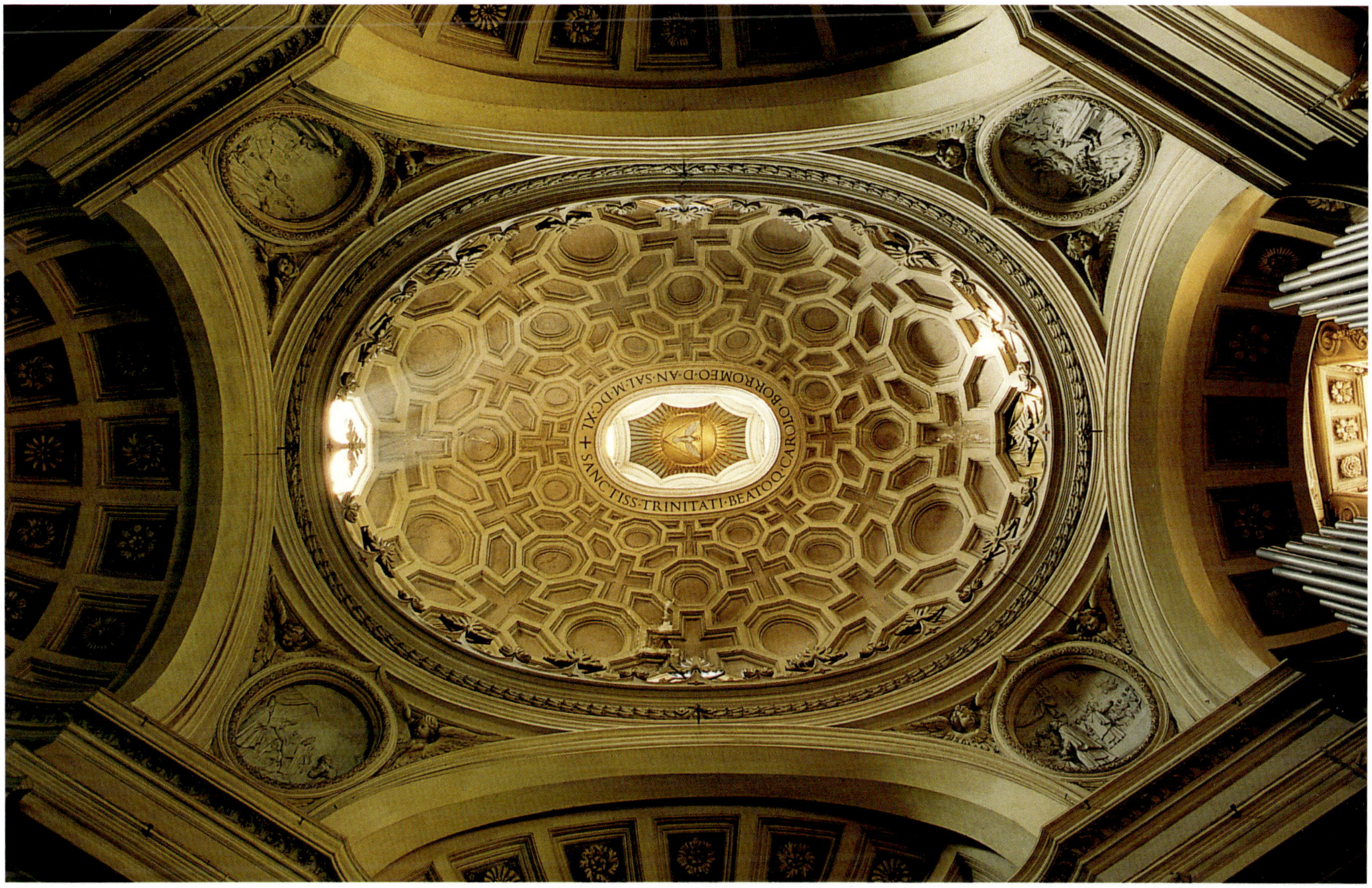
SANCTISS·TRINITATI·BEATOQ·CAROLO·BORROMEO·D·AN·SAL·M·DCXL

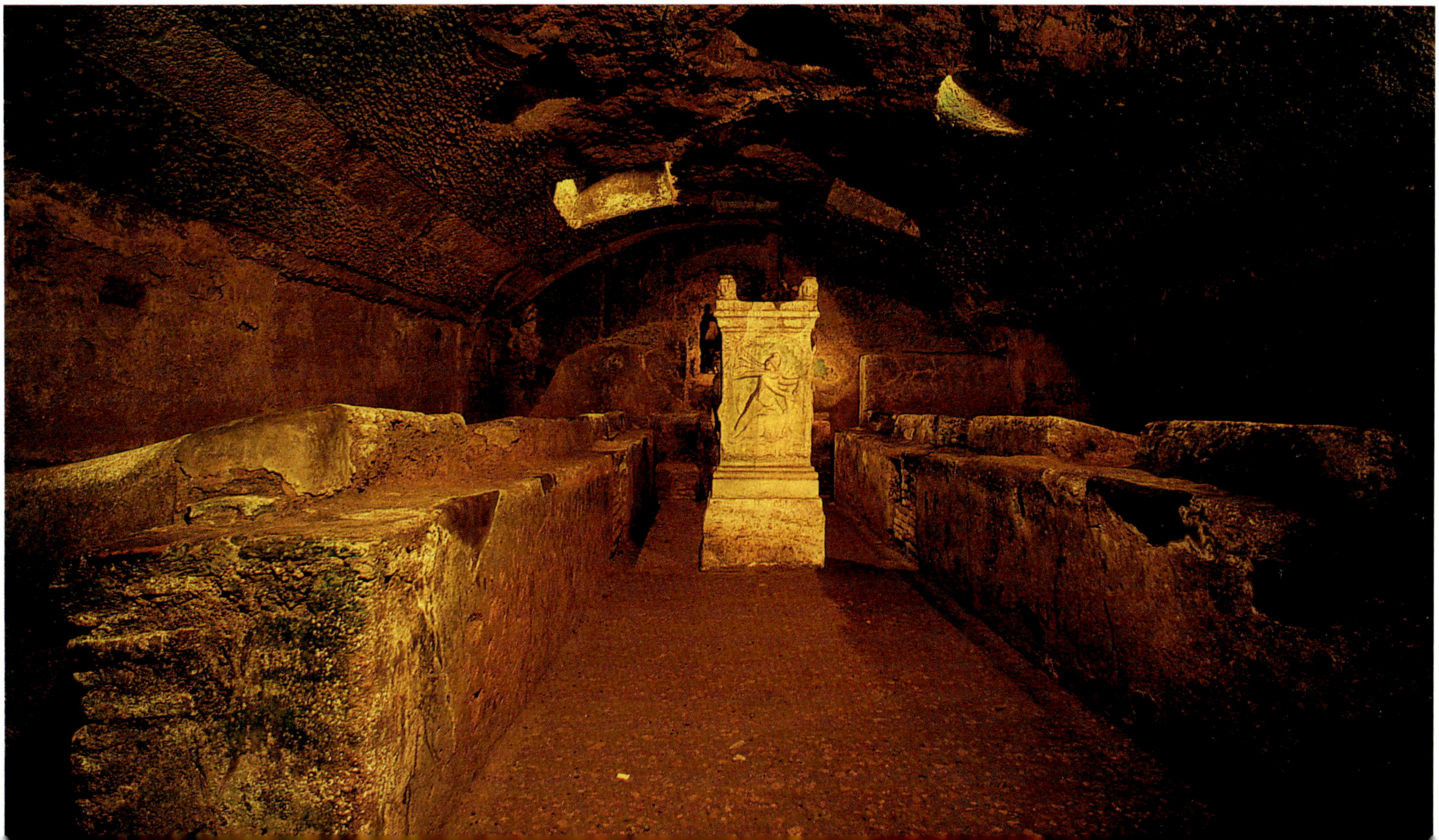

Links:
Die Stufen der Spanischen Treppe zur Kirche SS. Trinità dei Monti. Die Dreifaltigkeitskirche verdankt Rom dem französischen König Karl VIII.

Unten:
Beschwingte Heiterkeit und der betörende Duft der Blumenstände umwehen heute den beliebten Treffpunkt »Spanische Treppe«, erbaut von dem Architekten Francesco de Sanctis. Doch noch im 19. Jahrhundert genoss

das Viertel um die Treppe einen äußerst schlechten Ruf. Tagsüber versammelten sich hier die Bettler und Tagediebe Roms, und nachts nahmen die Raubüberfälle ein solches Maß an, dass eine Schildwache an der Treppe postiert werden musste.

Seite 50/51:
Eigentlich müsste die Spanische Treppe »Französische Treppe« heißen, denn es war ein französischer Botschafter, der die Gelder für diese Anlage testamentarisch

vermachte. Doch der Volksmund scherte sich nicht um die Generosität des Franzosen, sondern benannte die Stiege nach dem naheliegenden Palast des spanischen Botschafters an der Kurie.

Unten und rechts:
Welches Café kann sich mit dem römischen Antico Caffè Greco messen, das Dichterfürsten und Könige zu seinen Gästen zählte? Das 1760 von dem Griechen Nicolla della Maddalena gegründete Café war vor allem Treffpunkt der deutschen Boheme. Nicht zuletzt Goethe begründete diese Tradition, der sich beim »Griechen« gerne mit seiner bezaubernden Zeichenlehrerin, der Schweizer Malerin Angelica Kauffmann, sehen ließ.

Kleine Bilder oben:
Rom kennt unzählige
Möglichkeiten, sein Geld
gleichermaßen schnell
wie stilvoll auszugeben.
Kaum eine Nobelmarke,
die nicht im gefährlichen
Bermudadreieck zwischen

Piazza del Popolo, Via del
Corso und der Piazza di
Spagna lockt. Besonders
in der Via Condotti sei eine
Warnung vor Bulgari an-
gebracht: Der renommier-
teste Juwelier Roms bringt
Frauen um den Verstand ...

»Der Raum darin allein reißt ohne Wort und Feier einen Menschen von Gefühl hin und entrückt ihn aus der Zeit in die Unermesslichkeit,« notiert der Literat Wilhelm Heinse beim Anblick des Pantheongewölbes. Seit dem 7. Jahrhundert wurden die Gebeine von Märtyrern unter der Kuppel des hadrianischen Tempels beigesetzt und auch die sterblichen Überreste des göttlichen Raffael, der 1529 im jugendlichen Alter von 37 Jahren starb, fanden hier ihren würdevollen Platz. Der großartigste Rundbau des Altertums ist zugleich das am besten erhaltene Bauwerk der Antike.

Seite 58/59:
Der gigantischen Säule des Kaisers Marc Aurel verdankt die Piazza Colonna Namen und Mittelpunkt. Die Reliefs der Säule aus Carraramarmor erzählen detailreich von den Germanenkriegen im düsteren Norden des Reiches.

Unten:
Er war einer der größten Märtyrer der Wissenschaft: Giordano Bruno. Am 7. Februar 1600 bezahlte der Philosoph seine ketzerische Idee von »einem unendlichen Weltall« mit dem Tod auf dem Scheiterhaufen. Bis heute ist sein Denkmal auf dem Campo de' Fiori Pilgerziel von Aufklärern, Freidenkern und Papstgegnern.

Kleine Bilder rechts:
Da der Campo de' Fiori erst seit 1870 als Blumen- und Wochenmarkt dient, könnte sein Name durchaus eine »blumige« Anspielung auf die zahlreichen Kurtisanen sein, die hier in der Renaissance ihre Dienste anboten. Daneben diente der Hinrichtungsplatz auch regelmäßig als Vieh- und Pferdemarkt.

*Der Markt des Campo de'
Fiori ist der berühmteste
von über 130 Märkten in
Rom.*

*Blumen, Obst und viel
Gemüse – der Campo
de' Fiori ist eine Abwechs-
lung für von zuviel Kunst
und Antike geschwächte
Rombesucher.*

Unten:
Macht und Größe des jungen Jesuitenordens sollte die 1584 vollendete Hauptkirche, Il Gesù, signalisieren. Obgleich

die Gemeinschaft erst 1540 anerkannt wurde, gehörte sie schon am Ende des 16. Jahrhunderts zu den einflussreichsten

Orden der ganzen Christenheit. Die zweigeschossige Fassade wurde von Giacomo della Porta entworfen.

Rechts oben:
Den Obeliskenelefant der Piazza della Minerva kennen viele Römer nur unter dem liebevollen

Kosenamen »Floh der Minerva«. Der Elefant wurde 1667 von Ercole Ferrata nach einem Modell Berninis ausgeführt.

Rechts Mitte:
Unweit von Il Gesù haben
Ausgrabungen auf dem
Largo di Torre Argentina
die Reste eines republika-
nischen Forums freigelegt.

Rechts unten:
Den harmonischen Kreuz-
gang der Kirche Santa
Maria della Pace schuf der
Architekt Bramante zu
Beginn des 16. Jahrhun-

derts. Überschwänglich
sprechen Kunsthistoriker
von dem Geist des Huma-
nismus, der sich in Pfeilern,
Pilastern und Loggien
offenbart.

63

Blut und Spiele – Gladiatorenkämpfe, Wagenrennen und Schauspiele

Rom kannte unzählige Wege, das Heer der Müßiggänger und Tagediebe zu narkotisieren: die Wagenrennen im Circus Maximus, die Schauspiele im Theater des Marcellus oder die athletischen Wettkämpfe im Stadion des Domitian. Und für den Verlust seines politischen Einflusses wurde das römische Volk mit kaiserlichen Getreidezuteilungen entschädigt, auf die jeder Bürger einen gesetzlichen Anspruch hatte. Die Schlagwörter »Brot und Spiele« fielen schon bei den antiken Kritikern dieses unterhaltsamen Wohlfahrtssystems. Das erregendste Spektakel Roms, die Kämpfe der Gladiatoren, wurden niemals als Spiele (ludi) bezeichnet. Sie tragen den würdevollen Namen »munera« (Opfer). Auch wenn die ersten schriftlichen Belege für Gladiatorenkämpfe nur ins Jahr 264 vor Christus zurückreichen, spricht doch vieles dafür, dass die Gladiatur ein Erbe der Etrusker ist, die mit Opferkämpfen ihre gefallenen Helden zu ehren wussten.

Lange Zeit waren die Amphitheater Behelfskonstruktionen aus Holz, was zuweilen zu katastrophalen Einstürzen führen konnte, bei denen Tausende ihr Leben verloren. Dann befahl Kaiser Vespasian an jener Stelle, wo einst Nero seinen privaten Palast hatte, das Kolosseum zu errichten. Obgleich selbst gigantisch in seinen Ausmaßen, verdankt das Amphitheater seinen Namen einer 35 Meter hohen Bronzestatue des Sonnengottes, die mittels 24 Elefanten vor das Gebäude gesetzt wurde. Über 50 000 Zuschauer fasste das steinerne Rund des Kolosseums. Zu besonderen Anlässen konnten Sonnensegel gesetzt werden, welche die Arena in ein mystisches Zwielicht tauchten. Eine Einheit der Kriegsmarine war extra zur Bedienung der komplizierten Takelage nach Rom abkommandiert.

Östlich ans Kolosseum schloss sich der »Ludus Magnus« an, die zentrale Gladiatorenschule Roms. Es gab viele Wege in diese Kaserne: als

Kriegsgefangener, als Sklave oder als Schwerverbrecher. Aber auch Freie wählten den blutigen Beruf des Gladiators, sei es aus Todessehnsucht oder Abenteuerlust. Sie »verkauften« sich auf Zeit an den Betreiber einer Gladiatorenschule, der die vielsagende Berufsbezeichnung »lanista« (Fleischer) trug. Das Training war hart und gnadenlos wie der Beruf, und jeder Gladiator wurde für eine spezielle Kampfart ausgebildet. Zu den klassischen Gladiatorengattungen zählten der »Murmillio«, der einen großen Schild trug, der »Thraex« mit kleinem Schild und gebogenem Hiebschwert oder der ungepanzerte »Retiarius«, der sich mit Dreizack und Netz gegen schwer gerüstete Gegner verteidigen musste. Aber auch berittene Kämpfer sind überliefert sowie Gladiatoren, die ihre Feinde vom Streitwagen aus bekämpften.

Zwischen Verehrung und Verachtung – die Gladiatoren

In der späten Kaiserzeit fanden Gladiatorenkämpfe an bis zu 175 Tagen im Jahr statt. Schon am Vorabend fieberten die Römer dem Ereignis entgegen und besuchten die öffentlichen »Henkersmahlzeiten« der Todgeweihten. Eröffnet wurden die Spiele dann durch den Einzug der Gladiatoren (Pompa), dem Schaukämpfe mit Holzschwertern folgten. Darauf begann der tödliche Teil des Spektakels. Meistens wurde Mann gegen Mann gekämpft, aber regelrechte Schlachten sind ebenfalls überliefert, bei denen nicht nur Hunderte von Gladiatoren ins Feld zogen, sondern auch Reitertruppen, Streitwagen und Kriegselefanten. Wer im Kampf siegte, wurde mit einem Palmzweig geschmückt, die freiwilligen Gladiatoren erhielten darüber hinaus eine Siegesprämie. Obgleich die Schwertkämpfer am äußersten Rande der Gesellschaft standen, wurden sie doch von der »guten Gesellschaft« geradezu hysterisch verehrt. Reiche Römer ließen ihre Speiseräume mit Mosaiken ihrer Lieblinge schmücken und so manche ehrwürdige Matrone vergaß ihren Standesdünkel und stürzte sich in ein Liebesabenteuer mit einem Gladiator – angezogen von der berauschenden Mischung aus Schweiß und Blut. Selbst Christen fielen beim Besuch des Kolosseums vom Glauben ab, wie Alypius, der Freund des Kirchenvaters Augustinus: »Und Freude an diesem verbrecherischen Spiel erwachte in ihm, ein Rausch blutrünstiger Lust überkam ihn.«

Am Ende der Laufbahn eines Gladiators standen der Tod oder die feierliche Entlassung, bei der ein hölzernes Schwert (rudis) überreicht wurde. Einer dieser wenigen, die als ungeschla-

gene Champions das Rund der Arena verließen, war der legendäre Publius Osterius. Freiwillig, aus Leidenschaft für den Kampf, hatte er den Beruf des Gladiators gewählt und 150 Mal die Klinge siegreich mit dem Gegner gekreuzt. Ein Krieger wie Osterius verkörperte die höchsten männlichen Tugenden: Mut, Würde, Todesverachtung: »Aufrecht und unbesiegbar musst du sterben. Was macht es schon für einen Unterschied, wenn du ein paar Tage oder Jahre mehr herausschindest? Wir sind in eine Welt geboren, in der kein Pardon gegeben wird.« (Seneca)

Rechts oben:
Obgleich Gladiatoren am Rande der Gesellschaft standen, genossen sie doch eine ungeheure Popularität, und so schmückten Mosaike mit ihren blutigen Taten Villen und Paläste.

Rechts Mitte:
Im Gegensatz zu den Gladiatoren entstammten die Helden der Rennbahn oft der Aristokratie oder dem Rittertum. Doch nicht der Wagenlenker, sondern der Besitzer der Pferde durfte den Triumph des Siegers feiern.

Rechts:
Auch im Theater des Marcellus dominierte der Geschmack der Straße. Statt hochgeistiger Tragödien wurden derbe Komödien oder zotige Pantomimen aufgeführt.

Seite 66/67:

Die vier Ströme des Berninibrunnens Fontana dei Fiumi: Nil, Ganges, Donau und Rio de la Plata auf der Piazza Navona sollen die vier Erdteile repräsentieren. Dass Berninis Personifikation des Rio de la Plata seine Hand gegen die Kirche Sant' Agnese, ein Werk des Rivalen Borromini, erhebt, ist Legende – der 1647 begonnene Brunnen ist nämlich um einige Jahre älter als die Kirche.

Unten:

Die Piazza Navona gilt als einer der schönsten Plätze der Welt und ist durch seine Brunnenanlagen berühmt geworden, deren Begrenzung auch schon mal als Sitzgelegenheit genutzt wird.

Kleine Bilder:
*Das lebendige Rom.
Auf der Piazza Navona
herrscht, zumindest in
den Sommermonaten,
immer ein buntes Treiben.
Es herrscht ein großer
Jahrmarkt der Eitelkeiten.*

*Es geht ums Sehen und
Gesehenwerden, Kitsch-
verkäufer, Porträtmaler
und Restaurants
versuchen Kunden anzu-
locken, während Müßig-
gänger aller Altersstufen
den Platz umlagern.*

Als Rom noch unter päpstlicher Herrschaft stand, residierten im Palazzo Montecitorio, 1650 von Bernini entworfen, die päpstlichen Gerichte. 1871 wurde das imposante Gebäude für das italienische Parlament beschlagnahmt.

Der Palazzo della Cancelleria, früher Sitz der päpstlichen Kanzlei, ist immer noch Sitz einer kurialen Behörde. Hier befinden sich die Diensträume des päpstlichen Ehegerichtes. Der Palast gilt als eines der vollkommensten Werke der Renaissancearchitektur in Rom.

Natürlich hat auch der Senat eine würdige Heimat gefunden. Das Oberhaus tagt in der barocken, ehemaligen Residenz der »Madama« Margarete von Parma, welcher der Palazzo seinen Namen verdankt.

Wie eine mächtige Burg im Kranz ihrer Zinnen beherrscht der Palazzo Venezia die Piazza Venezia. Der Duce Benito Mussolini fand dort eine ideale Bühne für seine politischen Selbstinsze-nierungen – bis 1943 war hier der Regierungssitz. Heute dient der Palast als Museum und Ausstel-lungsgebäude.

Seite 72/73:
Keines von Roms Wahr-zeichen ist so umstritten wie die Marmormassen des Nationaldenkmals an der Piazza Venezia, die 1885–1911 nach Plänen von Giuseppe Sacconi für den Gründer des modernen Italiens, Vittorio Emanuele II., aufgetürmt wurden.

Unten:
Die Via Vittorio Veneto
im Norden Roms gilt mit
ihren Restaurants, Luxus-
herbergen und exklusiven
Geschäften als Treffpunkt
der eleganten Welt.

Rechts:
Es gibt wunderbare Restaurants in der Via Veneto, mit
hervorragender Küche und
umfangreicher Weinkarte.
Ihren Ruhm verdankt die
Straße dem mondänen

Leben der 1950er-Jahre,
dank zahlreichen Cafés und
Hotels, die von Prominen-
ten besucht wurden. Der Ruf
wurde vor allem durch den
Film von Federico Fellini
„Das süße Leben" gefestigt.

Seite 76/77:
Einer Schlacht im fernen
Böhmen verdankt die impo-
sante Kirche Santa Maria
della Vittoria ihre
Widmung als Siegeskirche.

1620 hatten die katho-
lischen Truppen Kaiser
Ferdinands II. die Protes-
tanten vor Prag niederge-
worfen und den Sieg der
Hilfe eines wundertätigen

Bildes der Gottesmutter
aus Pilsen zugeschrieben,
das daraufhin als Kriegs-
beute in die Marienkirche
verschleppt wurde.

Links:
Ebenfalls ein Meisterwerk des unvergleichlichen Bernini ist der Tritonenbrunnen auf der Piazza Barberini. Die drei Bienen am Sockel des Wasserspiels verweisen auf das Wappen des Stifters, Papst Urban VIII., aus dem Florentiner Geschlecht der Barberini.

Unten links:
Die Piazza San Bernardo wird durch die Fontana dell'Acqua Felice beherrscht, der erste römische Brunnen mit großer Schauwand.

Unten rechts:
An dem bedeutendsten Palast des römischen Hochbarock, dem Palazzo Barberini aus dem 17. Jahrhundert, waren so berühmte Architektennamen wie Maderna, Bernini und Borromini beteiligt.

Ganz unten:
Najaden, die Gespielinnen der Tritonen, tummeln sich im Brunnen auf der Piazza della Repubblica.

79

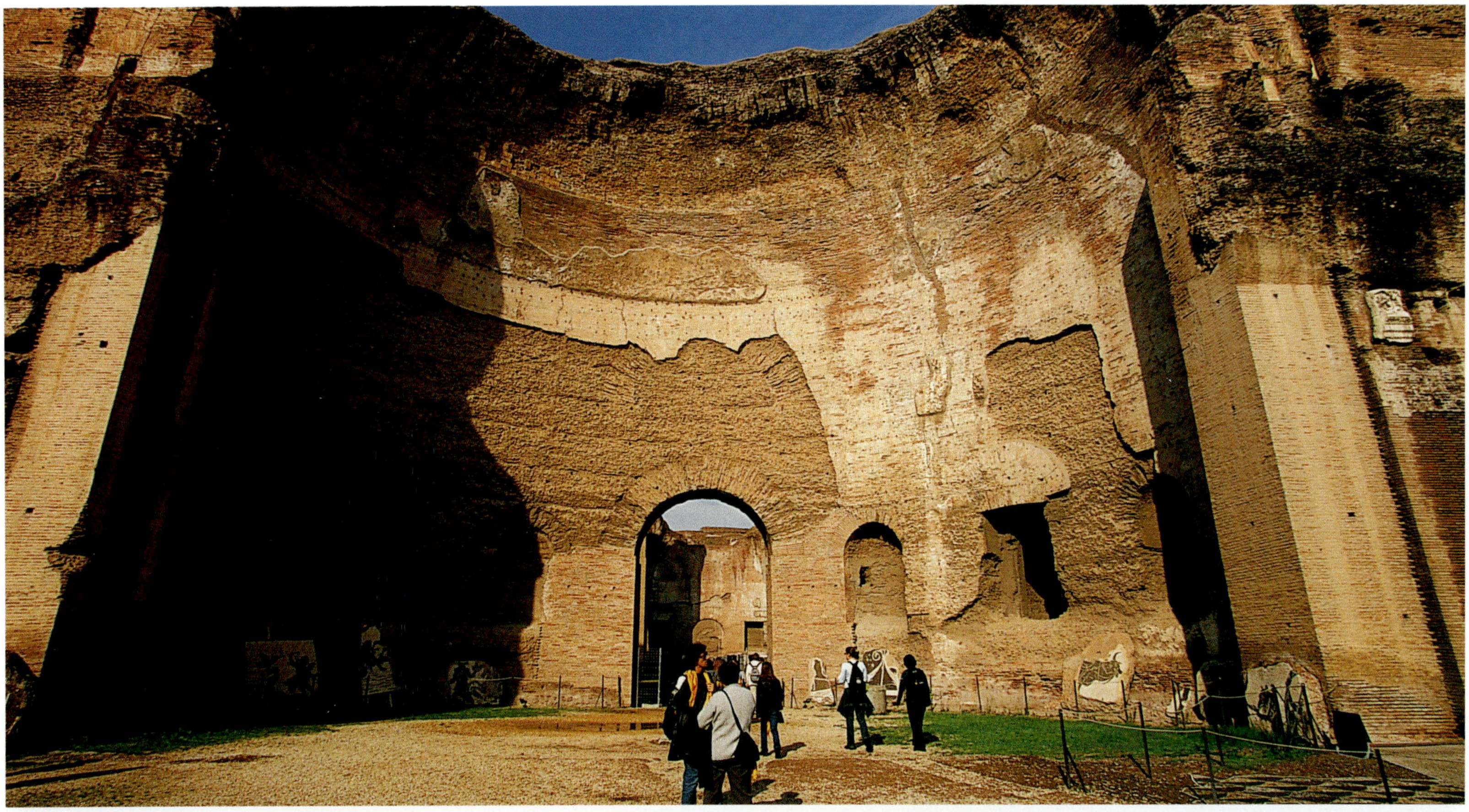

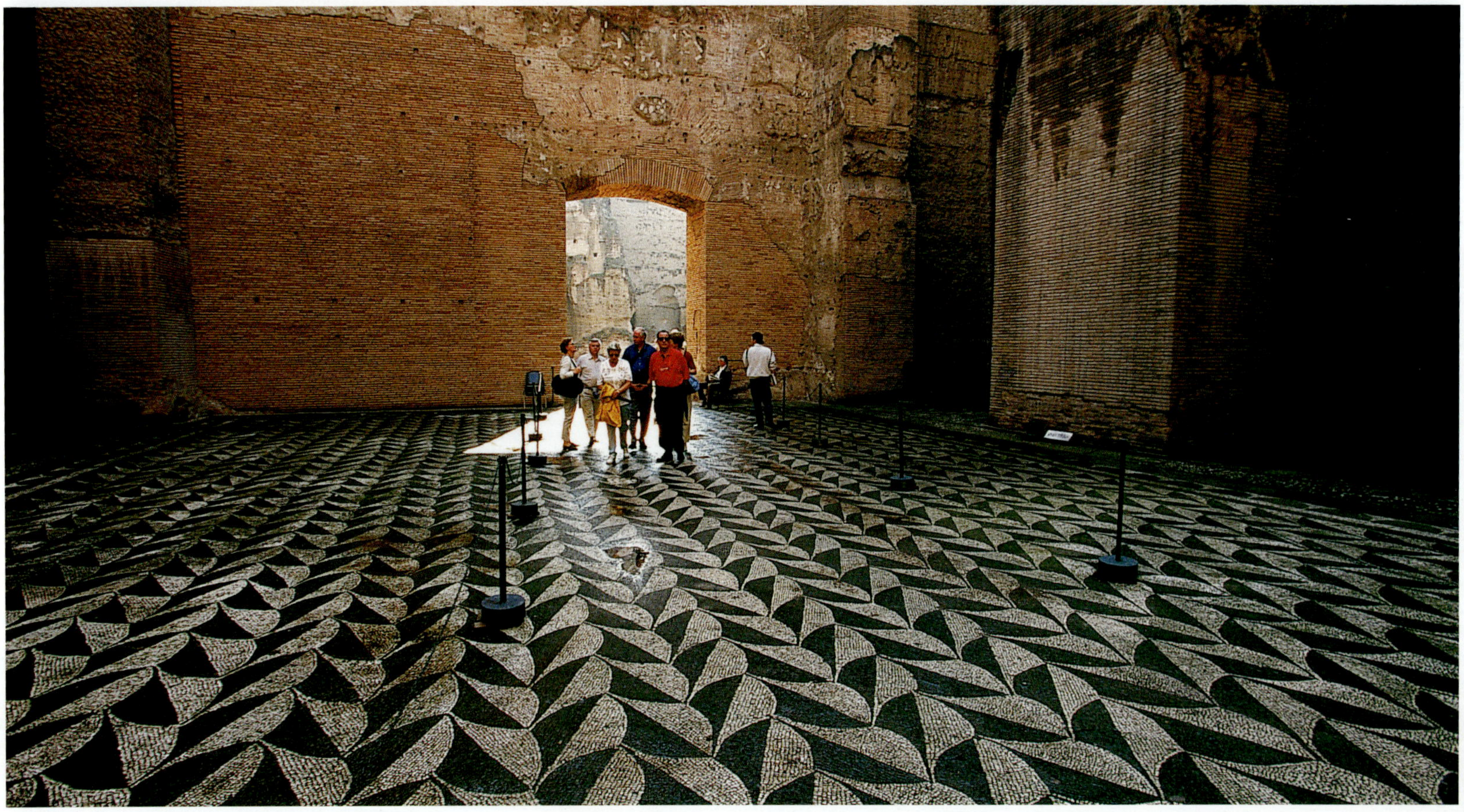

Links oben:

*Die schlichten Ziegel-
mauern der Caracalla-
thermen, das großartigste
Stadtbad Roms, trugen
einst ein herrliches
Gewand aus strahlendem
Marmor und glänzenden
Mosaiken.*

Links unten:

*Der erhaltene Mosaik-
boden der Caracalla-
thermen lässt erahnen,
wie prächtig dieser
Tempel des Körpers einst
ausgestattet war. Im
Jahre 216 n. Chr. wurden
die 212 begonnenen Bäder
von Caracalla eröffnet.*

**Unten links und rechts,
ganz unten:**

*Die größte Thermenanlage
Roms wurde auf Befehl des
Kaisers Diokletian zwischen
298 und 306 n. Chr. er-
richtet. Mehr als 3000 Menschen konnten gleichzeitig
die Anlage benutzen –
doppelt so viele wie in den*

*Thermen des Caracalla,
die als Vorbild dienten.
Seit 1889 beherbergen die
ehemaligen Bäder das
Museo Nazionale Romano,
die zentrale staatliche
Sammlung für griechische
und römische Kunstwerke.*

Rechts:
Der Quirinalspalast mit
seiner frühbarocken
Fassade kannte immer nur
hochgestellte Bewohner:
zuerst als Sommerresidenz
der Päpste, dann als Sitz
der Könige des vereinigten
Italien. Und als dann 1946

Unten:
Stets auf der Hut sind die
Wachen des Palazzo del
Quirinale, dem Sitz des
italienischen Staatspräsi-

denten. Noch vor wenigen
Jahren fand man nur im
Norden Italiens Männer,
die über das geforderte
Gardemaß verfügten.

per Volksentscheid die Monarchie abgeschafft wurde, nahmen hier die ungekrönten Staatsoberhäupter Italiens Quartier. Hinter den schützenden Mauern versteckt sich ein bezaubernder Garten.

Links:
Romulus und Remus unter den Kirchen Roms – die Zwillingskirchen Santa Maria dei Miracoli und Santa Maria in Monte

Santo aus dem 17. Jahrhundert. Gleich einem Triumphtor betritt man durch den Raum zwischen den Kirchen die Piazza del Popolo.

Unten:
Älter als die barocken Zwillinge (links) ist der Kirchenbau Santa Maria del Popolo. Die Pfarrkirche fürs einfache Volk wurde 1477 eingeweiht. Früher

wohnten in der Kirche Trauer und Verzweiflung, denn hier war der Ort, um die Messen für jene unglücklichen Seelen zu lesen, die zum Tode verurteilt waren.

Oben:
Wo man sich heute auf der Piazza del Popolo zu einem Kaffee trifft, soll einst die ruhelose Seele Neros

gespuckt haben. Zu früherer Zeit betraten hier Reisende aus dem Norden die Ewige Stadt.

Jenseits der sieben Hügel

Wie eine Landschaft breitet sich der Petersdom unter der Kuppel aus. Im Zentrum der heiligen Geografie steht der 29 Meter hohe Baldachin über dem Papstaltar. Bernini schuf sein Meister- werk aus wundersam gedrechselten Säulen für den Barberinipapst Urban VIII. mit antiker Bronze von der Fassade des Pantheons.

Wenn der Römer der lärmenden Enge im Westen der Stadt oder der architektonischen Langweile im Osten entfliehen will, zieht es ihn geradezu magnetisch gen Norden, wo sich von der Villa Borghese über die Villa Medici bis zum Monte Pincio das grüne Diadem der Stadt erstreckt. Im Sommer sind die Zikaden die uneingeschränkten Herrscher des barocken Gartens der Villa Borghese, dessen romantischen Mittelpunkt ein kleiner See mit Tempel bildet. Eingebettet in diese Parklandschaft liegt das Casino der Familie Borghese. Die angrenzende Villa Medici wurde in der Renaissance für den Kardinal Fernando Medici errichtet, der den großen Kunstsinn seiner Familie geerbt hatte. Besonders der Garten ist mit seinen Götterstatuen, Brunnen und Obelisken eine glanzvolle Flucht in eine arkadische Gegenwelt. Vom Medicigarten führt der Weg zum Monte Pincio, zu dessen Füßen sich die atemberaubende Stadtlandschaft Roms im Schmuck ihrer unzähligen Kuppeln ausbreitet. Alles auf dem Pincio duftet nach Heiterkeit und Lebensfreude.

Roms Süden aber lockt mit seiner poetischen Melancholie, die beim protestantischen Friedhof, dem Cimitero Acattolico, ihren Anfang nimmt. Hier ruhen fern der nebeligen Heimat Englands die romantischen Dichterfürsten Keats und Shelley sowie der unglückliche August Goethe, bis in den Tod vom übermächtigen Schatten seines Vaters verfolgt. Unweit des Friedhofs erhebt sich eine verirrte Pyramide in den römischen Himmel. Wie für viele Römer war auch für ihren Erbauer, den augusteischen Tribun Cestius, Ägypten die Mutter aller Mysterien. Empfindsame Naturen sollten Rom durch die Porta San Sebastiano verlassen, wo die Via Appia Antica in die Weite der Campagna tritt. Roms Gesetze verboten die Bestattung innerhalb der Stadtmauern und daher wurden die Mausoleen an den Rändern der Fernstraße nach Capua errichtet. Die Gräber ruhen im Schatten alter Pinien und Zypressen und verwandeln mit ihrer Tristesse den Abschied von der Ewigen Stadt in eine römische Elegie.

Seite 88/89:
»Der Platz zwischen den beiden Halbkreisen der berninischen Kolonnaden ist nach meinen Geschmack der schönste der Welt: in der Mitte der große ägyptische Obelisk, den Sixtus V. hierher versetzen ließ, rechts und links die ewig sprudelnden großen Fontänen, deren Wasser in breiter Garbe emporsteigt und in die mächtigen Granitschalen fällt.« (Stendhal)

Rechts:
Zu dem ständigen Personal des Vatikans gehören neben Priestern stets auch Nonnen und Schweizer Gardisten.

IN HONOREM PRINCIPIS APOST PAVLVS V BVRGHESIVS ROMANVS PONT MAX AN MDCXII P

Links:
Die helvetischen Palastwächter des Vatikans müssen nicht nur gut katholisch sein, auch ein Schulabschluss und ein absolvierter Militärdienst in ihrer Heimat ist Voraussetzung für die Rekrutierung als »päpstlicher Landsknecht«.

Links:
119 stolze Meter türmt sich der Petersdom auf. Zierlich wirken da selbst die 322 Tonnen des ägyptischen Obelisken auf dem Petersplatz. Doch 900 Arbeiter und über 100 Pferde waren 1586 nötig, um den Koloss zu transponieren und aufzurichten.

Oben:
Selbstbewusst, den Schlüssel zum Himmel in der Hand, steht die Statue des Petrus auf dem Petersplatz, während die anderen Apostel in luftiger Höhe die Fassade des Doms schmücken.

Michelangelos Trost für
eine Welt voller Leid: die
Pietà. Gerade 25 Jahre
war der Künstler alt, als er
dieses Meisterwerk von
»Reiner Schönheit« schuf.
1972 wurde Pietà durch
einen geistig Verwirrten
schwer beschädigt.

Papst Franziskus zelebriert
nach seiner Wahl zum 266.
Papst seine erste Messe
mit Kardinälen in der
Sixtinischen Kapelle.

Seite 94/95:
Der Petersdom sollte ein Bau der Superlative werden, größer und schöner als alles je Dagewesene. So wünschten es sich seine Erbauer. Nun mag sich der Geschmack im Lauf der Jahrhunderte verändern, doch auch der Mensch des 21. Jahrhunderts kann sich kaum dem Bann dieses Raums entziehen.

Sankt Peter, schreibt der Kunsthistoriker Burckhardt, ist mehr als eine gewöhnliche Kirche. Sie ist der Thronsaal des Apostelfürsten und seiner Nachfolger, ein riesiger Festsaal, in dem die ganze Welt empfangen wird.

Die Geheimnisse des Vatikan

Am 18. Juli 1870 stimmte das 1. Vatikanische Konzil mit 533 Stimmen für das Dogma der päpstlichen Unfehlbarkeit in Fragen des Glaubens. Damit hatte Pius IX. (1848–1878) sein fragwürdiges Ziel erreicht, die Kirche von den Strömungen der Moderne abzuschotten. Auch dem jungen Nationalstaat Italien verweigerte er seine Anerkennung. Es gehört zu den Tragikomödien der Geschichte, dass ausgerechnet Mussolini der erste Regierungschef Italiens war, der die päpstliche Anerkennung erlangte. Bereitwillig hatte der bürgerliche Pius XI. (1922–1939) alle sozialreformerischen Ansätze der Kirche den guten Beziehungen zum Duce geopfert, der sich 1929 mit der Anerkennung der Souveränität des Vatikanstaates durch die Lateranverträge bedankte. Im gleichen Jahr gab sich der Vatikan ein Grundgesetz. Paragraph 1: »Der Papst besitzt als Oberhaupt des Vatikanstaates die Fülle der gesetzgebenden, ausführenden und richterlichen Gewalt.«

Der Vatikanstaat ist das letzte Relikt bekennenden Absolutismus auf europäischem Boden und unweigerlich fallen alle Missstände und Verfehlungen auf den Papst zurück. Die zentrale Behörde im Vatikan ist das Staatssekretariat der Kurie, das den päpstlichen Gerichten und Kongregationen vorsteht. Insgesamt existieren neun dieser »Ministerien«, darunter Einrichtungen für die Bischöfe, den Klerus, den Gottesdienst, die Glaubensverbreitung und Heiligsprechung. Die berühmteste Kongregation ist sicherlich jene für die Glaubenslehre, die einst unter dem Namen Inquisition Angst und Schrecken verbreitete, Denker wie Galileo Galilei und Giordano Bruno verfolgte und gleichermaßen Bücher wie Menschen verbrannte. Für Nichtkatholiken ist diese päpstliche Behörde schon lange harmlos. Nur innerhalb der katholischen Kirche kann sie noch »erzieherisch« eingreifen.

Die weltlichen Belange des 0,44 Quadratkilometer großen Vatikanstaates und seiner 1000 Bürger werden vom Gouverneurspalast, der inmitten der Vatikanischen Gärten liegt, gelenkt. Die profane Infrastruktur des Ministaates umfasst Bahnhof, Tankstelle, Kraftwerk, Post und den legendären Supermarkt mit seiner exquisiten Auswahl an zollfreien Waren.

Mit Ausnahme der Fremdenlegion Frankreichs ist der Vatikan der einzige Staat Europas, der sich noch eine Söldnertruppe hält. Zurzeit zählt die Schweizer Garde gerade einmal 110 Mann – inklusive Kaplan. Man sollte sich nicht durch die antiquierte Uniform und Ausrüstung täuschen lassen, alle Gardisten haben eine solide militärische Ausbildung absolviert und für den Notfall steht ein gutbestücktes Arsenal zur Verfügung.

Ein Spiel um Macht und Intrigen

Am südwestlichen Ende des Vatikans erhebt sich der Johannesturm, in dessen Gemächer sich Papst Johannes XXIII. (1958–1963) zurückzog, wenn er den Machtspielen der Kurie entfliehen wollte. Mit dem Humor eines Don Camillo und der Leibesfülle eines Peppone ausgestattet, gewann er die Herzen der Römer im Sturm. Die mächtigen Kurienkardinäle, die in Johannes XXIII. lediglich eine »ungefährliche Übergangslösung« sahen, hatten den Sohn kleiner Bauern unterschätzt. Mit der Einberufung des 2. Vatikanischen Konzils (1962–1965) rüttelte der Papst die Kirche aus ihrer Erstarrung wach: »Fenster auf, frische Luft herein!« Das Konzil machte Schluss mit klerikaler Selbstgerechtigkeit und räumte den Laien die Möglichkeit zur Mitwirkung ein.

Die schwere Nachfolge Johannes XXIII. trat Paul VI. (1963–1978) an, eine tragische Figur im Spannungsfeld zwischen Reformwillen und Traditionsbewusstsein. Als dann 1978 der liebenswerte Patriarch von Venedig, Albino Luciani, unter dem Namen Johannes Paul I. den Stuhl Petri bestieg, glaubte alle Welt an einen heiteren Neubeginn im Vatikan. Doch das Pontifikat des »Lächelnden Papstes« währte 33 kurze Tage. Bald machte das Gerücht eines Mordkomplotts die Runde. Wurde dem Papst die Kenntnis um sinistre Machenschaften der Vatikanbank zum Verhängnis? Damals oblag die Führung des »Instituts für religiöse Angelegenheiten« – so der wohlklingende Name des Geldinstitutes – dem amerikanischen Erzbischof Paul Marcinkus, dem man gute Kontakte zur Mafia nachsagte. Zudem war 1978 der »Bankier Gottes« in den skandalösen Konkurs der »Banca Ambrosiana« und ihres Chefbankiers Roberto Calvi verstrickt. Am Ende der verhängnisvollen Affäre war die Vatikanbank um über 250 Millionen Dollar ärmer und Calvi wurde unter mysteriösesten Umständen erhängt aufgefunden.

Von 1978 bis 2005 regierte Johannes Paul II. im Vatikan. Anlässlich des heiligen Jahres 2000 würdigte er sowohl die autokratische Position Pius IX. wie den Reformweg Johannes XXIII., indem er beide Päpste selig sprach. Eine ungemein diplomatische Entscheidung, die für seinen Nachfolger alle Wege offen hält.

Links:
Nach vier Wahlgängen wurde Joseph Ratzinger am 19. April 2005 zum 265. Papst in der Geschichte der katholischen Kirche gewählt. Er nannte sich Benedikt XVI. nach Benedikt XV., dem „Friedenspapst" (1854–1922). Am 28. Februar 2013 trat er von seinem Amt zurück.

Oben:
Appell der Schweizer
Garde, der militärischen
Streitmacht des Vatikans.
Sie ist zuständig für den
Schutz des Heiligen Vaters
und die Bewachung des
Vatikanpalastes.

Rechts oben:
Mit der Tiara bekrönt,
erteilt Johannes XXIII. bei
seiner Inthronisation am
4. November 1958 den
Segen »Urbi et orbi«.

Mitte:
Von 1978 bis 2005 war
Papst Johannes Paul II.
umstrittenes Oderhaupt
der katholischen Kirche. Es
war die längste historisch
belegbare Amtszeit nach
Papst Pius IX.

Rechts:
Seit dem 13. März 2013 ist
Papst Franziskus im Amt
und erfreut sich durch
seinen unkonventionellen
Führungsstil bei den
meisten Gläubigen großer
Beliebtheit.

PIVS IX P M
ANNO MDCCCLXXIII

Links:
Blick vom Petersdom auf die moderne Audienzhalle des Olympia-Architekten Luigi Nervi. Der riesige Saal kann bis zu 12 000 Menschen fassen.

Unten:
Wer nicht in die Halle geladen ist, der kann den Papstsegen auch auf dem Petersplatz empfangen. Das Fenster, an dem der Papst erscheint, ist mit einem Teppich gekennzeichnet.

Rechts:
Warten auf den Papst: Nonnen sehen auf dem Petersplatz dem Auftritt des Oberhauptes der katholischen Kirche entgegen.

Oben:
Die wuchtigen Säulen der Kolonnaden Berninis umschließen den Petersplatz. 284 sind es insgesamt, Sinnbilder für die Macht der römisch-katholischen Kirche: mütterlich umarmend, aber auch eisern zupackend wie eine Kneifzange; standfest und stark, und doch gezeichnet von den Spuren der Zeit ...

Oben:
Poetische Stille umweht den Friedhof des Campo Santo Teutonico. Hier ruhen unter anderem Ludwig Curtius und Stefan Andres.

Die Vatikanischen Gärten sind für die Öffentlichkeit gesperrt. Hier dürfen nur der Papst und sein Hofstaat lustwandeln. Der Park umfasst mehr als die Hälfte der 0,44 Quadratkilometer des Vatikanstaats. Ein großer Teil ist von Menschenhand gestaltet, etwa die gepflegten Beetanlagen, die in der Renaissance und dem Barock angelegt wurden, als das Bedürfnis der Päpste nach höfischer und künstlerischer Repräsentation zunahm.

Seite 102/103:
»Such nun, o Freund, hervor / Was noch für meine toten Bilder spricht! / Schlecht ist mein Platz, zum Malen taug ich nicht!« (Michelangelo Buonarotti) Michelangelo fühlte sich in erster Linie als Bildhauer und unterzog sich dem Auftrag von Papst Julius II., die Decke der Sixtinischen Kapelle auszumalen, nur ungern. Dennoch schuf er eines der berühmtesten Meisterwerke der Kunstgeschichte.

Links:
Kunst überall: Der Treppenaufgang der Vatikanischen Museen ist ein Werk Michelangelos und führt in großartigen Spiralen von einem Höhepunkt der Kunst zum nächsten.

Links:
Eine kleines Welttheater im Vatikan: die Galleria delle Carte Geografiche der Vatikanischen Museen. Städte, Häfen, Festungen, ja ganze Regionen Italiens schmücken die Wände der 120 Meter langen Galerie, die 1580–1583 von dem Dominikanermönch Ignazio Danti ausgemalt wurden.

Linke Seite:
Die faszinierende Deckengestaltung in der Galleria delle Carte Geografiche. Die »Galerie der Landkarten« zeigt neben kartographischen Schätzen aus dem 16. Jahrhundert (Plänen aller Regionen Italiens) eine Karte Gesamtitaliens aus der Antike.

AE OLIM INTRA HANC ARCEM COLLAPSA
NVNC A PAVLO TERTIO PONTIFICE MAXIMO AD SOLIDA

Links:
Blick von der Engelsburg auf Rom. In ihrer wildbewegten Geschichte war die Engelsburg letzte Zuflucht der Päpste, so im Jahre 1527 während des Sacco di Roma. Bis ins 19. Jahrhundert diente sie zugleich auch immer als Kaserne und päpstliches Gefängnis.

Seite 106/107:
Die Engelsburg hält Wacht am Tiber. Das Grabmal Kaiser Hadrians, das unter seinem Nachfolger Antoninus Pius fertiggestellt wurde, diente schon seit 271 n. Chr. als Befestigungsanlage der römischen Stadtmauer. Seit einer Engelsvision Gregors des Großen trägt die Festung ihren himmlischen Namen. 1752 breitete dann der imposante Bronzeengel nach mehreren Vorgängern seine Fittiche über dem Kastell aus.

Links:
Selbst angesichts der Todesgefahr wollten die Päpste in ihrer Zufluchtsstätte der Engelsburg nicht auf Luxus verzichten. Die meisten Fresken der Renaissancegemächer, wie hier in der Sala Paolina, erzählen von heidnischen Göttern und antiken Heroen.

Oben:
Die Ponte San Angelo, die vor der Engelsburg über den Tiber führt, verband in der Antike das Mausoleum mit dem Marsfeld, später die Stadt Rom mit dem Vatikan. Im Heiligen Jahr 1300 war der Andrang auf der Brücke so stark, dass sie kurzfristig zu einer Einbahnstraße erklärt werden musste. Die Engelsfiguren sowie das Geländer der Brücke wurden von Bernini entworfen.

Seite 110/111:
Blick von der Engelsbrücke
in Richtung Vatikan: Die
Kuppel des Petersdoms
überragt die Silhouette
Roms weithin. Besonders
im weichen Abendlicht
scheint man in eine andere
Zeit versetzt.

Unten:
Die Ponte Rotto, also die
»verrottete Brücke«, trug
in der Antike den stolzen
Namen des Adelsge-
schlechtes Aemillius.
Seit dem Jahre 179 v. Chr.

verband sie Rom mit den
Vorstädten jenseits des
Tibers. Ursprünglich aus
Holz, wurde sie 142 v. Chr.
als erste steinerne Brücke
ausgeführt.

Rechts oben:
Die Tiberinsel war früher
heiliger Boden, dem grie-
chischen Heilgott Äskulap
geweiht. In Gestalt einer
Natter soll er im 2. Jahr-

hundert v. Chr. die Insel aufgesucht haben, um Rom von der Geißel einer Pestepidemie zu erlösen. Als Dank errichteten ihm die Römer dort einen Tempel.

Rechts Mitte und rechts unten: Das Schiff der Tiberinsel trägt heute anstelle des Tempels die Kirche San Bartolomeo. Kaiser Otto III. stiftete sie, als er um die Jahrtausendwende Rom wieder zur Hauptstadt der Welt erheben wollte. Zwei Brücken verbinden die Insel mit den Flussufern: die Pons Cestius zum Trastevere hin und die Pons Fabricius in Richtung Marsfeld.

113

ROM – EINE STADT DER DICHTER

Unter der Regentschaft des Augustus erreichte Roms Dichtung ihren Zenit, als Horaz, Properz und Tibull alle Zweifel an der poetischen Kraft der lateinischen Sprache glänzend widerlegten. Der Liebling des Kaisers aber hieß Vergil, in dessen »Aeneis« kunstvoll der Lobgesang auf Roms Herrscher eingewoben wurde. Ovids Verse hingegen waren stets ein verführerisches Gegenprogramm zur bigotten, konservativen Staatsmoral des Kaisers: Statt die Größe Roms zu verherrlichen, sprechen seine Werke von den erregenden Freuden des römischen Lebens: Theater und Feste, Luxus und Liebe. Im Jahre 8 nach Christus wird der Dichter der Liebeskunst und der Metamorphosen aus der sinnlichen Mitte der Welt in die Öde der Provinz verbannt – Ovid hatte es gewagt, auf die wilde Jugend des Augustus hinzuweisen.

Erst Mitte des 14. Jahrhunderts darf sich wieder ein Dichter Italiens mit Vergil oder Ovid messen. Am 8. April wird auf dem Kapitol Petrarca zum König der Dichter gekrönt. In seinem literarischen Dank preist der Vater der italienischen Sprache das heruntergekommene und vom Papst verlassene Rom als »die Königin aller Städte, Fels des Glaubens«. Torquato Tasso, der letzten Stimme der italienischen Renaissance, wurde dieser ruhmvolle Moment von den Göttern versagt. Einen Tag bevor er zum römischen Poeten gekrönt werden sollte, verstarb er im Kloster Sant'Onofrio.

Das lebensprallste Zeugnis des Roms der Renaissance verdanken wir Benvenuto Cellini. Seine Autobiographie spielt zwischen päpstlichem Hof und Kerker und ist angefüllt mit Geschichten vom Krieg, der Kunst und dem Laster. Kein Geringerer als Johann Wolfgang Goethe entdeckte das Werk des päpstlichen Goldschmiedes für die Deutschen.

Römische Elegien – Goethe in der Ewigen Stadt

1786 hatte Goethe fluchtartig Weimar verlassen und war nach Italien gereist. Am 29. Oktober erreicht er endlich die »Hauptstadt der alten Welt« und sieht nun »alle Träume seiner Jugend lebendig«. Im Taumel seiner römischen Wiedergeburt stürzt sich Goethe in das Leben. Er besucht Kirchenfeste und Gerichtsverhandlungen, feiert den Karneval und berauscht sich an den Zeugnissen der Antike: »Wasserleitungen, Bäder, Theater, Amphitheater, Rennbahn, Tempel! Und dann die Paläste der Kaiser, die Gräber der Großen – mit diesen Bildern habe ich meinen Geist genährt und gestärkt.« Hier ist er mit dem Maler Johann Heinrich Tischbein befreundet und bewundert die gefeierte Portraitistin Angelica Kauffmann. Inspiriert von den Komplimenten der charmanten Künstlerin zeichnet Goethe unermüdlich; mehr

als 800 Zeichnungen und Aquarelle entstehen in Italien. Über die Beschäftigung mit der bildenden Kunst vergisst er jedoch nicht, dass er eigentlich zur Dichtkunst geboren ist:

»O wie fühl' ich in Rom mich so froh! / gedenk' ich der Zeiten, / Da mich ein graulicher Tag hinten im Norden umfing ...«

Goethes poetischen Pfaden folgend, werden unzählige andere Geistesgrößen nach Rom pilgern. Der erste Anlaufpunkt in der Stadt ist das Caffè Greco nahe der spanischen Treppe, dessen Besucherliste sich wie eine deutsche Kulturgeschichte liest: die Dichter Johann Gottfried Herder, Conrad Ferdinand Meyer und August von Platen, die Komponisten Franz Liszt und Richard Wagner sowie die Philosophen Arthur Schopenhauer und Friedrich Nietzsche.

Erst als das 19. Jahrhundert zur Neige geht, erhält Rom endlich wieder zwei seiner Schönheit würdige italienische Sänger: Giosué Carducci und Gabriele D'Annunzio.

»In deine Lüfte Rom, werf' um stolzen Flug ich die Seele: / Nimm meine Seele, Rom, und überflut' sie mit Licht«, heißt es in einem Hymnus Carduccis an Rom, und eine Dichtergeneration später fängt D'Annunzio das Bild in seiner »Elegie Romane« wieder auf:

»Fühl ich wie meine Seele verlangend aus mir emporstieg, / Hoch in die Lüfte sich schwang über die engenden Mauern, / Durch den feurigen Gürtel, den über Rom rings der Abend / Am feuchten Himmel entflammt zwischen den breiten Wolken.«

D'Annunzios deutschen Rivalen, Rainer Maria Rilke, interessierte die große Vergangenheit der »vollgestellten Stadt« nicht besonders. Stattdessen fand er im »leise redenden« Wasser der Fontänen im Park der Villa Borghese seine Inspiration.

Stellvertretend für die vielen deutschen Autoren der Moderne, die in der literarischen Schuld Roms stehen, sei auf Ingeborg Bachmann und Wolfgang Koeppen verwiesen. Auch wenn Koeppens Roman über die Tibermetropole den tragischen Titel »Tod in Rom« trägt, so strahlt trotzdem das »große Abenteuer Rom« durch die Seiten des Buches. Eine andere Ingeborg Bachmann lernen wir in der Ewigen Stadt kennen, wo die österreichische Dichterin die letzten Jahre ihres Lebens verbrachte. Wenn sie von Rom berichtet, verliert ihre Sprache alle Düsternis des Schmerzes: »Hier habe ich schauen gelernt.«

Rechts oben:
Auch er zählt zu den
Titanen, die im Caffè
Greco verkehrten – der
Philosoph der Entsagung,
Arthur Schopenhauer.

Rechts Mitte:
Rilke hat uns wenig über
die Ewige Stadt hinter-
lassen. Und doch fand
er seine Inspiration im
»leise redenden« Wasser
der Fontänen im Park der
Villa Borghese.

Rechts:
Berühmte Romreisende
gibt es viele: Friedrich
Nietzsche besuchte zum
Beispiel die Ewige Stadt
im Jahre 1882 (rechts).

Die Piazza Santa Maria in Trastevere schmiegt sich um die älteste Marien-kirche Roms. Schon im 4. Jahrhundert stand hier eine frühchristliche Basilika. Der Legende nach soll hier im Jahr 38 v. Chr. eine Ölquelle als Zeichen der Erlösung aus dem Boden getreten sein. Der Mittelpunkt des heutigen Platzes ist ein Brunnen Carlo Fontanas aus dem Jahre 1694.

Unten links und rechts:
Nach wie vor gibt es auch in der Innenstadt Roms viele kleine Handwerks-stätten, auch wenn viele Betriebe schon in die Vorstädte ausweichen mussten. Die fertigen Waren werden dann der Einfachheit halber auf der Straße aufgestellt.

Rechts:
Jenseits der ausgetretenen üblichen Wege gibt es noch ein zweites Rom zu ent-decken, dessen idyllische Winkel und pittoresken Hinterhöfe wie die Kulisse eines Fellinifilms wirken.

Oben:
Nur noch wenige Mitglieder der jüdischen Gemeinde bevölkern die engen Straßen des ehemaligen Ghettos hinter dem Marcellustheater. Bis ins 19. Jahrhundert war das Ghetto mit Mauern abgeschlossen und durfte nachts nicht verlassen werden. Die alten Häuser verschwanden 1870 im Zuge der Urbanisierung.

Oben:
Manche Handwerker, wie hier der Scherenschleifer, haben ihre Werkstatt auch einfach auf Roms Straßen.

Unten:
Auch wenn Santa Maria in Trastevere, aus dem 12. Jahrhundert und somit eine der ältesten Marienkirchen Roms, von außen eine eher unscheinbare Kirche ist, der Glanz ihrer Mosaiken braucht den Vergleich mit den großen Basiliken Roms nicht zu fürchten.

Links:
Nicht nur die großen Kirchen, auch die kleineren Zeugnisse des Glaubens, wie hier eine Gebetsnische, erzählen von der Frömmigkeit in der Hauptstadt des katholischen Glaubens.

Seite 122/123:
Die heutige Basilika San Paolo, die nach einem Entwurf von L. Poletti entstanden ist, hält sich in den Dimensionen an das Vorbild der alten Kirche. Der Säulenwald, der die Basilika in fünf Schiffe unterteilt, gibt die ursprüngliche Raumwirkung wider, beeindruckend alleine schon durch die Größe.

Rechts oben und rechts Mitte:
Gegen 9 Uhr abends füllen sich die Trattorien zum Beispiel in Trastevere mit gut gelaunten Gästen, angezogen durch die vielen Wohlgerüche aus der Küche.

Rechts unten:
Roms Drogerien dienen nicht nur dem Handel mit Medikamenten. Hier darf der Römer auch über die tausend Beschwerden des Lebens lamentieren.

Unten:

Keine Pilgerreise in Rom
ist ohne den Besuch von
San Paolo vor den Mauern
rechtsgültig absolviert. Wo
Paulus der Legende nach
enthauptet wurde, ließ
schon Kaiser Konstantin

eine Kirche zu Ehren des
Apostelfürsten errichten.
Die heutige, fünfschiffige
Basilika stammt aus dem
19. Jahrhundert, nachdem
ein Brand die alte Kirche
fast vollständig vernichtet
hatte.

Rechts oben:

Die Basilika San Giovanni
in Laterano ist die älteste
Papstkirche und eigent-
liche Kathedrale des
Bischofs von Rom. Unter
den sieben Pilgerkirchen

Roms nimmt sie den
höchsten Rang ein.
Anlässlich des Heiligen
Jahres 1650 wurde das
Innere der Kirche von
Borromini umgebaut.

Rechts Mitte:

Rechts unten:

Rechts Mitte:
Noch heute rührt die Legende von Sant' Agnese an. Die Basilika aus dem 6. Jahrhundert trägt die Erinnerung an den Märty- rertod eines frommen Mädchen, das lieber sterben wollte, als einen hohen heidnischen Beamten zu heiraten.

Rechts unten:
Direkt neben Sant' Agnese gilt es ein unbekanntes Juwel der frühchristlichen Architektur zu entdecken: den formvollendeten Rund- bau von Santa Constanza aus dem 4. Jahrhundert.

Seite 126/127:
Die Kirche Santa Maria della Vittoria, Anfang des 17. Jahrhunderts errichtet, war ursprünglich dem Apostel Paulus gewidmet; als jedoch die katholischen Truppen unter Ferdinand II. von Habsburg im Jahr 1620 den Sieg gegen das protestantische Prag errangen, wurde sie dem Marienbild geweiht, das dazu verholfen hatte.

Rechts:
Seit den Tagen Konstantins des Großen war der Lateranpalast die Residenz der Päpste und Tagungsort richtungsweisender Konzile. Erst in der Renaissance verlegten sie den Schwerpunkt ihrer Macht in den Vatikan.

Unten:
Der Gartenpalast der Villa Borghese beherbergt die Galleria Borghese, welche zu den exquisitesten Kunstsammlungen der Welt gehört.

128

Oben:
Im harmonischen
Renaissancebau des
Palazzo Farnese hat der
französische Botschafter
seinen Amtssitz. Der röm-
ische Volksmund nennt
das Gebäude einfach
»il dado« – den Würfel.

Links:
Die Villa Farnesina ließ
der reiche Bankier Chigi
unter anderem von dem
toskanischen Künstler
Baldassare Peruzzi gestal-
ten. Sie ist vor allem wegen
ihrer meisterhaften Wand-
bilder berühmt, deren
namhaftester Künstler
Raffael war.

Unten:
Insel der Ruhe im unsteten
Treiben Roms: der Kreuz-
gang der Kirche Sant'
Andrea delle Fratte. In einer
der Kapellen der Kirche
ruht die Goethefreundin
Angelica Kauffmann.

S. 132/133:
Im Terrassengarten der
Villa d'Este in Tivoli
wurde im Stil des Manieris-
mus ein Meisterwerk
der Gartenbaukunst
erschaffen, in dem die
Grenzen zwischen Natur
und Kunst verschwimmen.

Rechts oben:
Das Grab des unglücklichen Sohnes des Dichterfürsten, August Goethe, auf dem »nichtkatholischen Friedhof« von Rom. Für ihn bedeutete Rom die letzte große Niederlage eines gescheiterten Lebens.

Rechts Mitte:
Die Fontana delle Tartarughe – der Schildkrötenbrunnen auf der Piazza Mattei. 1584 vollendeten der Florentiner Bildhauer Taddeo Landini und der Architekt Giacomo della Porta diese verspielte Brunnenanlage.

Rechts unten:
Die Via Appia Antica verband Rom mit Capua. Da ursprünglich Bestattungen in der Stadt Rom verboten waren, säumten zahlreiche Grabmäler die Fernstraße nach Capua.

REGISTER

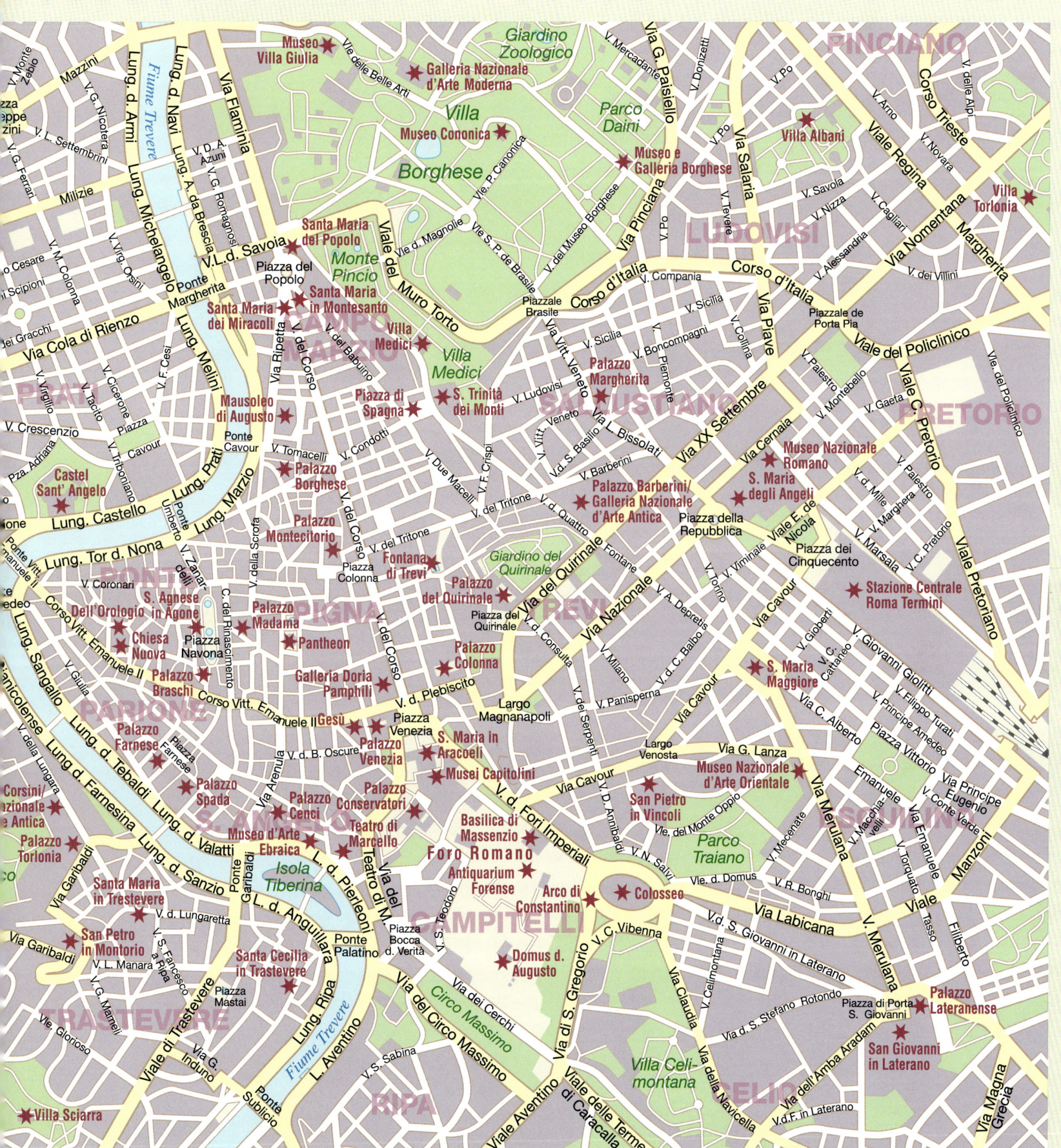

PINCIANO

Giardino Zoologico

Museo Villa Giulia

Galleria Nazionale d'Arte Moderna

V.le delle Belle Arti

V. Mercadante

V. G. Paisiello

V. Donizetti

Corso Trieste

V. delle Alpi

V. Po

V. Novara

V. Arno

Viale Regina Margherita

Villa Albani

Villa Torlonia

Parco Daini

Museo Cononica

Villa Borghese

V. P. Canonica

Museo e Galleria Borghese

Via Salaria

V. Nizza

V. Savola

V. Cagliari

Via Nomentana

Monte Pincio

Santa Maria del Popolo

Piazza del Popolo

Via Flaminia

V.L.d. Savoia

V.le d. Magnolie

V.le d. Museo Borghese

V. Pinciano

LUDOVISI

V. Sicilia

V. Alessandria

Viale del Policlinico

Santa Maria dei Miracoli

Santa Maria in Montesanto

Villa Medici

Viale del Muro Torto

Corso d'Italia

V. Compania

Corso d'Italia

Piazzale de Porta Pia

V. del Villini

Vie. del Policlinico

Via Cola di Rienzo

CAMPO MARZIO

V. del Babuino

Villa Medici

Piazzale Brasile

V. Sicilia

V. Boncompagni

V. Piave

PRETORIO

PRATI

V. Virgilio

Piazza di Spagna

S. Trinità dei Monti

V. Vitt. Veneto

Palazzo Margherita

V. Palestro

V. Montebello

V. Gaeta

Mausoleo di Augusto

Via Ripetta

Piazza di Spagna

V. Ludovisi

V. Veneto

SALLUSTIANO

Via XX Settembre

Museo Nazionale Romano

V. Cernaia

V.d. Mille

V. Marghera

Castel Sant' Angelo

Ponte Cavour

V. Tomacelli

V. Condotti

V. Due Macelli

V. F. Crispi

V. del Tritone

V. S. Basilio

V. L. Bissolati

S. Maria degli Angeli

V.C. Pretorio

Viale Pretoriano

Palazzo Borghese

V. del Corso

Palazzo Barberini/ Galleria Nazionale d'Arte Antica

Piazza della Repubblica

V. Viminale

V. E. de Nicola

Piazza dei Cinquecento

Palazzo Montecitorio

V. del Tritone

V. di Quattro Fontane

Piazza del Quirinale

Stazione Centrale Roma Termini

Fontana di Trevi

Giardino del Quirinale

Palazzo del Quirinale

Via Nazionale

V. A. Depretis

V. Cavour

Lung. Tor d. Nona

Piazza Colonna

TREVI

V. Giolitti

S. Agnese in Agone

Dell'Orologio

Palazzo Madama

PIGNA

V. del Corso

Palazzo del Quirinale

V. della Consulta

V. Milano

V. Nazionale

V. Torino

V. Giovanni Giolitti

V. Filippo Turati

Chiesa Nuova

Piazza Navona

Pantheon

V. Panisperna

S. Maria Maggiore

V. C. Alberto

Piazza Vittorio Emanuele

Palazzo Braschi

Corso Vitt. Emanuele II

Galleria Doria Pamphilj

Palazzo Colonna

V. del Serpenti

Largo Magnanapoli

V. Cavour

Via G. Lanza

Via Principe Eugenio

PARIONE

Palazzo Farnese

Gesù

Piazza Venezia

S. Maria in Aracoeli

Largo Venosta

Museo Nazionale d'Arte Orientale

V. Conte Verde

ESQUILINO

Palazzo Spada

Piazza Farnese

V. d. B. Oscure

Palazzo Venezia

Musei Capitolini

V. Cavour

Emanuele

Via Merulana

S. ANGELO

Palazzo Cenci

Palazzo Conservatori

V. d. Fori Imperiali

San Pietro in Vincoli

Vie. del Monte Oppio

V. Mecenate

V. Torquato Tasso

Museo d'Arte Ebraica

Teatro di Marcello

Basilica di Massenzio

Parco Traiano

Corsini Nazionale d'Arte Antica

Isola Tiberina

Foro Romano

Vie. d. Domus

V. R. Bonghi

Palazzo Torlonia

Antiquarium Forense

Arco di Constantino

Colosseo

Via Labicana

Santa Maria in Trastevere

Ponte Palatino

CAMPITELLI

Domus d. Augusto

V. C. Vibenna

V. di S. Giovanni in Laterano

Via Merulana

San Petro in Montorio

Piazza Bocca d. Verità

V. di S. Gregorio

V. Claudia

Piazza di Porta S. Giovanni

Palazzo Lateranense

Santa Cecilia in Trastevere

Piazza Mastai

Circo Massimo

V. di S. Stefano Rotondo

Via di Trastevere

Via dei Circo Massimo

Villa Celimontana

CELIO

San Giovanni in Laterano

TRASTEVERE

V. Glorioso

L. Aventino

V.S. Sabina

Viale delle Terme di Caracalla

Via Magna Grecia

Ponte Sublicio

RIPA

Viale Aventino

Vie. delle Terme di Caracalla

Villa Sciarra

Die Geschäfte für Priesterbekleidung und religiösen Bedarf haben immer Konjunktur in Rom. Über die Preise von edlen Messgewändern und Kardinalsroben wird jedoch diskret geschwiegen.

Impressum

Buchgestaltung
www.hoyerdesign.de

Karte
Fischer Kartografie, Aichach

Printed in Italy
Repro: Artilitho snc, Lavis-Trento, Italien
www.artilitho.com
Druck und Verarbeitung: Grafiche Stella srl, Verona, Italien
© 9. Auflage 2016 Verlagshaus Würzburg GmbH & Co. KG
© Fotos: Max Galli
© Texte: Klaus Hillingmeier
Bildnachweis: S. 86/87: iStockphoto / Nikada; S. 93 unten:
picture Alliance / AP Photo; S. 97 rechts unten: Wikimedia
Commons / Casa Rosada (Argentina Presidency of the Nation)
(http://www.casarosade.gov.ar) / Lizenz CC-BY-SA-2.0.

ISBN 978-3-8003-4024-8

Unser gesamtes Programm finden Sie unter:
www.verlagshaus.com

Der Fotograf
Max Galli *lebt als Reisefotograf in St. Moritz. Seine Bilder sind in zahlreichen Bildbänden, Kalendern und Reportagen veröffentlicht. Im Verlagshaus Würzburg sind von ihm unter anderem Bildbände über Finnland, Island und Norwegen erschienen.*
www.maxgalli.com

Der Autor
Klaus Hillingmeier *lebt und arbeitet als Redakteur in Augsburg. Er hat bereits zahlreiche Bücher zu verschiedenen Reisethemen veröffentlicht, wobei England einen Schwerpunkt seiner Arbeit bildet. Im Verlagshaus Würzburg sind von ihm außerdem Bücher über Venedig und London erschienen.*